# FILOSOFÍA DEL CUBANO
# Y
# DE LO CUBANO

COLECCIÓN CUBA Y SUS JUECES

EDICIONES UNIVERSAL, Miami, Florida, 1996

José Sánchez-Boudy

# FILOSOFÍA DEL CUBANO
# Y
# DE LO CUBANO

EDICIONES UNIVERSAL

Primera edición, 1996

EDICIONES UNIVERSAL
P.O. Box 450353 (Shenandoah Station)
Miami, FL  33245-0353. USA
Tel: (305)642-3234      Fax: (305)642-7978

Library of Congress Catalog Card No.:

I.S.B.N.: 0-89729-739-3

Composición de textos por María C. Salvat-Olson

Diseño de la portada por Menéndez

Foto del autor en la contraportada por Fragola

A mi hermano Juan Manuel Salvat con quien no dejo de analizar, con discusiones y peleas muchas veces, estas cuestiones sobre el destino de nuestra Patria. Pero siempre hermanos de espíritu y de patria. La inconmovible fraternidad histórica que tratan de matar en nuestra Cuba.

# ÍNDICE

# PRÓLOGO

Hasta muy reciente fecha la historia de Cuba, especialmente el proceso colonial, sólo se había estudiado, en su mayor dimensión, en el ángulo de la vertiente política, que si bien influyó en la formación del pensamiento ideológico, no fue necesariamente, el único elemento que intervino en la formación de la nacionalidad cubana.

Existieron, durante los cuatro siglos de vida colonial, una serie de hechos de tipo geográfico, socio-económicos y hasta culturales, que constituyeron la infrahistoria colonial cubana, — los que, al permeabilizarse a todas las capas sociales, convirtieron a la isla primero en factoría de la metrópoli para transformarse en nación, a partir de la tercera década del siglo XIX, y que pavimentarían el camino hacia la independencia.

Era indudable que, al iniciarse la tercera década del siglo XIX, ya se encontraba la propiedad de la tierra, la ganadería, la industria azucarera y el tabaco, en manos de la oligarquía criolla, que comienza a aspirar a la dirección política y económica de la isla.

Ya desde la primera década del siglo, comienzan a surgir los primeros movimientos abolicionistas de la esclavitud, auspiciados por la intelectualidad cubana y alentados por Inglaterra, que propiciarían las conspiraciones de Aponte y La Escalera, paralelamente con las sublevaciones de las dotaciones de esclavos dentro de la industria azucarera, que terminarían en años posteriores, con la incorporación de numerosos miembros de la raza de color, al movimiento independentista que culminó en Yara en 1868.

Todo este proceso histórico de la Cuba eterna, fueron formando las raíces del entorno cubano amalgamando a la totalidad de la población, sin distinción de capas sociales, unidas en un ideal común desde el lejano bohío pinareño hasta el imponente turquino, que, en magistral forma, nos describe el Dr. José Sánchez Boudy, en esta novedosa obra la FILOSOFÍA DEL CUBANO Y DE LO CUBANO.

La obra escrita en primera persona, guardando el respeto que se le debe al lector, nos pinta en amena e intencionada prosa, a veces con vivas palabras, que dibujan con gráficas imágenes la formación de lo cubano, las costumbres y tradiciones españolas, que aún conservaba la Cuba pre-castrista, entre otras las religiosas referentes al sincretismo, que inició el obispo Pedro Agustín de Santa Cruz.

Era el cubano, formado a lo largo del siglo XIX y durante la primera mitad del presente siglo, un hombre con un extenso sentido jurídico-constitucional, que condensó Martí cuando afirmó que: "la primera ley de la República sería el respeto a la dignidad humana", síntoma que ya al mediar el siglo habían señalado Anselmo Suárez Romero y Félix Tanco Bosmeniel, en sus históricas novelas "Francisco o las delicias del campo" y "Petrona y Rosalía" respectivamente y la tradicional "Cecilia Valdés o la Loma del Ángel", de Cirilo Villaverde.

Nuestra formación en sus inicios, dada la escasa población de la isla, se desarrolló con mentalidad local al amparo del Cabildo, con identidad de pensamientos, hábitos, costumbres e intereses, que formaron las primeras raíces de la nacionalidad cubana, que se consolida a todo lo largo del siglo XIX, que constituyó el Siglo de Oro de la nacionalidad cubana.

Aponte, Manzano, Plácido y los conspiradores de La Escalera, darían inicio a la integración racial, en que el hombre de color se convierte en mambí con ideales comunes, constituyendo parte integrante de "lo cubano", con los mismos hábitos, costumbres e intereses — a diferencia de algunos pueblos de América— integrados por la unidad idiomática.

No existía en Cuba la confrontación racial, habiéndose superado en la "manigua" los horrores de la esclavitud, creándose antes del comunismo, una "República con todos y para el bien de todos".

El autor José Sánchez-Boudy en la soledad de su diáspora, con el empleo del característico lenguaje cubano y descriptivas pinceladas e imágenes, ha logrado rememorar los lugares, hábitos, costumbres personales y tradiciones del ayer cercano, mediante el uso de imágenes que evocan y avivan, el entorno de la Cuba de ayer.

Sus estudios sobre la hospitalidad, la franqueza, la amistad y la pintoresca presentación de personajes como el gallego bodeguero, el negrito, el barbero y el billetero y la descripción del barrio, con sus parques, casas de vecindad —los típicos solares— los cafés al aire libre y en los pueblos del interior, las antiguas residencias coloniales de amplio portal y numerosas habitaciones a lo largo de las galerías, todo con el fin de presentarnos al cubano tal como es, constituyen al mismo tiempo, vivas y evocadoras pinceladas de la Cuba eterna.

Aprovechó el autor la oportunidad que le ofreció el distinguido escritor Raúl Ramos Proenza para agregar como apéndice de la obra una viva estampa sobre la filosofía de las azoteas, uno de los progresos que se le insertaron a las residencias coloniales del pre-barroco cubano.

Constituían las azoteas cubanas, especialmente en La Habana viaja, el pulmón de la vivienda, donde el ama de casa tendía la ropa, la familia se reunía para recibir la brisa del agobiante y caluroso verano, el lugar donde el muchacho empinaba el papalote o donde el joven o viejo vecino, se escondía para atisbar en la obscuridad de la noche a la joven y distraída vecina que se desvestía junto a la ventana.

El libro constituye en fin, un estudio psicológico y analítico de la mente y formación del cubano de ayer y de la Cuba pre-castrista.

Su lectura nos ofrece una nostálgica estampa de la patria lejana, que se lleva en el alma, en el pensamiento y en el corazón cual daga lacerante, que gravita día a día sobre nuestro diario pensamiento.

Como señalaba Castagnino el autor se situó en el "medio geográfico del espacio", describiendo en forma amena y sencilla, mediante el empleo del lenguaje apropiado nuestros hábitos y tradiciones para presentarnos lo que es el cubano. Para presentarnos la filosofía del cubano. Para decirnos: este hombre es el cubano.

Las imágenes empleadas fueron claras y oportunamente usadas, matizando el entorno y el costumbrismo, ofreciéndonos un vivo cuadro del cubano y de nuestras tradicionales raíces.

Porque este hombre, el cubano, que logró un equilibrio de raciales como no se ha alcanzado en América; este hombre que logró que todas las razas que habitan su suelo se integraran en un solo proyecto nacional, como muestra su historia; este hombre que pelea casi dos siglos por su libertad, desde los primeros fulgores conspirativos al presente; este hombre, que como ha señalado el autor de este libro en una conferencia en Miami y por radio, fue el primero en América que ejercitó la Desobediencia civil que más tarde, dos siglos y pico después, estudió Thoreau el "solitario de Concord" (Estados Unidos) como lo llamó Martí, que la ejercitó con la "protesta de los vegueros de Jesús del Monte", en pleno siglo diez y siete, los que fueron colgados por las autoridades coloniales, en fin este hombre que ha dado los grandes patricios del mundo y de América, y construyó uno de los países más adelantados del globo, se ha encontrado víctima de la crítica desmeritoria de intelectuales nacidos en su seno.

Y así se ha visto vilipendiado por Francisco Figueras— que ofendió, inclusive a la mujer cubana — quien afirmó que el cubano estaba condenado a la indolencia y a la degradación debido al clima tropical en que vivía; en un libro titulado: *Cuba y su evolución colonial*.

Se ha visto vilipendiado por el famoso Fernando Ortiz, que lo colmó de vicios. Se ha visto vilipendiado inclusive, ahora, cuando da un ejemplo de lucha por la libertad y laboriosidad que es ejemplo del orbe.

Todos estos vilipendiadores— no importa que hayan sido hombres como Fernando Ortiz de gran altura intelectual— no han reconocido ni una buena cualidad al cubano. En muchos casos se debe esto al afán de crearle un complejo de culpa, como hicieron los intelectuales del Partido Comunista durante la República, y en otros a la falta de conocimiento de la materia o a un pesimismo exagerado sobre el futuro de Cuba, que invadió, debido a la corrupción política imperante, a mucho de ellos.

Este libro del Dr. José Sánchez-Boudy, es todo lo contrario: es mostrar la grandeza de un pueblo que ha tenido que vivir siempre en la heroicidad; en lucha por la libertad. Es mostrar la grandeza de un pueblo bueno, hospitalario, creador; y soñador, siempre. En este último caso hasta la utopia. Es, el libro, un análisis del cubano, llegando a los más profundos redaños del alma criolla a través de la historia, de la geografía; de la arquitectura; del lenguaje popular. Un estudio vital, totalizador de quien es el cubano.

El Dr. José Sánchez-Boudy, conocedor profundo de su pueblo, se adentra en su formación a través de los siglos y nos da un cuadro pormenorizado de las cualidades del cubano. De como es "realmente" el cubano.

Aunque en este libro tiene toques, algunas veces, del "costumbrismo", lo hace sólo en función de lo que Sánchez-Boudy llama: "La Filosofía" del cubano, es decir, como es el cubano; que cualidades tiene el cubano; y cuales son los postulados de su vida. No se trata, pues, de otro libro costumbrista del Dr. José Sánchez-Boudy sino de un análisis que no olvida lo costumbrista, cuando es necesario, y que es la primera vez que se hace con tanta profundidad, con tanto rastreo histórico, en la sociología cubana.

Y es, que desde que llegó al exilio José Sánchez-Boudy, uno de los primeros abogados criminalistas de Cuba y oradores forenses, se dedicó a salvaguardar para la posteridad, la cultura cubana. Lo hizo siguiendo unas metas fijas y publicando catorce volúmenes de poesía negra; y otros doce

12

volúmenes de poesía general. En ambos lo "cubano" y "el ser del cubano" son el meollo del poema. Un sinnúmero de poemas costumbristas como el dedicado al barrio y a los pregones cubanas, en donde el barrio, nunca antes cantado en la poesía cubana, en su totalidad, aparece en su unión al que nace en él, como uno de los ingredientes principales del alma cubana.

Por primera vez, en muchos casos, igualmente, en la poesía cubana, Sánchez-Boudy unió el entorno cubano al alma cubana. Maderas; árboles; ríos, toda la naturaleza cubana al alma del cubano, haciéndolos una unidad. Completó, así, la labor empezada por los patricios cubanos en el siglo XIX, el siglo en que cuaja definitivamente, la nacionalidad cubana.

Hemos hablado de metas fijas. Desde que publica sus primeros trabajos en la materia, se ve que los fines del Dr. José Sánchez-Boudy están definidos. Postula, primeramente, que en Cuba no hay separación de razas. No se puede hablar afirma, de una Cuba donde se separen blancos, negros, mulatos, chinos. No, grita: hay sólo cubanos. Cuba es una unidad racial completa, psicologicamente hablando. No se puede explicar, nos deja ver, al cubano si no se entra en los componentes nacionales, como ejemplifica Cecilia Valdés. El hombre de color dejó un gran sedimento en muchas áreas de la formación de la nacionalidad cubana. Esa fusión de blancos y negros, a través de las manejadoras, que se ve en la inmortal novela de Cirilo Villaverde, simboliza que entre esclavos y amos no hay ninguna diferencia. Así me ha repetido, innumerables veces, Sánchez-Boudy.

La escena en que la manejadora negra le da el pecho a la niña blanca de la familia Gamboa, me señala Sánchez-Boudy, encierra la unión en el alma cubana de los elementos de los diferentes estamentos de la nacionalidad cubana.

En este volumen vuelve a postular, igualmente, que Cuba no es un pueblo como escribió Jorge Mañach sino una nación. Que no es un "proyecto de nación" sino una completa. Y siempre argumenta con la historia; la sociología, el urbanismo... con diferentes disciplinas a mano que aplica no sólo a la Isla, desde su descubrimiento, sino que las escudriña en la historia de España.

En fin, este es el ahondamiento más intenso que se ha hecho en Cuba, del alma del cubano, desde su amor por la libertad hasta su risa ante la muerte.

Y todo rastreado hasta sus orígenes. Toda el alma cubana mostrada en su grandeza y buscada no sólo en lo histórico sino en sus manifestaciones culturales, desde un adorno a un barrio.

José Sánchez-Boudy, que ha ido dejando para la posteridad lo que él llama, "la Cuba Eterna", en los libros de estampas cubanas que ha publicado, un retrato perfecto, en realismo y en psicología de Cuba y el cubano; en su clásica obra sobre el habla el cubano, en seis tomos, titulada, *Diccionario de Cubanismos más usuales* (*Como habla el cubano*); el primer analista del "barrio cubano"; el hombre que fundió el entorno cubano; el paisaje cubano; las frutas y maderas; los guardacantones, toda Cuba con el hombre cubano, con el lenguaje cubano; el escritor que hace de la nacionalidad un solo haz donde se agrupan españoles, criollos blancos, negros, mestizos, chinos, polacos (judíos); el que ha traído al negro cubano con todo su espíritu cubano en una enorme colección de poesía negra mostrándolo no como caricatura sino en su sangre; en una palabra, el pintor de la Cuba Eterna, nos deja ver a ese "hombre gigante" que es el cubano, en un análisis completo. En este libro que prologamos: *La filosofía del cubano y de lo cubano*. Una obra ya clásica.

Dr. Fernando Fernández Escobio

# PARA ENTENDER AL CUBANO:
## SU CONFORMACIÓN ANÍMICA.

No se puede analizar al cubano, sino se entiende que es esencialmente español. Su formación básica es española. Por eso, el único país del mundo, donde el cubano se siente como en su casa, es en España.

Cuba fue siempre la joya de la colonia española. Se veía en España como el Paraíso Terrenal. Para Cuba, a partir de los inicios de la República partieron miles de emigrantes españoles; hasta 1933.

Cuba era criolla-española. Los cubanos heredamos de los españoles mucho más que otros países latinoamericanos y formamos un equilibrio perfecto, entre lo español y lo criollo. (Blancos, negros, mulatos y chinos)

Y amamos a España mientras otros países latinoamericanos la desprecian. Méjico es el mejor exponente. «Gachupín», como dicen en Méjico a los españoles es un término que lleva todo un rechazo y una ofensa. En Cuba a los peninsulares se les llamaban, con amor, «gallegos». Los niños pequeñitos, pecosos, pelirrojos o colorados de piel, son «galleguitos». De niños y de adolescentes nos disfrazábamos de «gallegos».

Pertenecíamos a las uniones fraternales «gallegas: españolas—: Ya fueron asturianas: Cangas de Onís, Parrés y Amieva; o de la Montaña (Santander): Club Montañés; o de Galicia: Santa Marta de Ortigueira...

No sólo los hijos de españoles sino todos los cubanos. Aún hoy en día, el Club: Curroz Enríquez, fundados por emigrantes de Galicia se mantiene inhiesto y mantiene el espíritu español enseñando los bailes y las canciones regionales de Galicia. Como él, se mantienen los que existían cuando el comunismo se apoderó de Cuba. A todos les quitaron sus locales sociales y los redujeron a un espacio mínimo en el Palacio del Centro Asturiano, donde se encuentran, reacios a disolverse y entregar sus banderas y trofeos.

Bailábamos en los locales sociales o en los grandes palacios que habían construido los españoles emigrantes: El Palacio del Centro Asturiano y el Palacio del Centro Gallego.

Nos curábamos en los centros regionales: La Covadonga; Hijas de Galicia; La Purísima. El servicio médico de Cuba estaba en manos de un sistema mutualista creado por los emigrantes. Unas quintas —centros médicos— como «La Covadonga» que aún no han sido superadas en el mundo, con pabellones individuales y jardines, de acuerdo con una medicina que buscaba no sólo el bienestar del cuerpo sino también el del alma.

Algunos de estos centros tenían playas, como el de Hijas de Galicia. Y allí nos reuníamos los cubanos.

Nos visitaban, continuamente, compañías españolas que arribaban con los nuevos ritmos españoles, los que se oían a la par que la música cubana. Los grandes artistas españoles hacían temporada en Cuba.

Conservábamos, y lo seguimos haciendolo en el exilio, la tradición de la zarzuela.

Por todo esto un cubano de nuestra generación lo mismo canta «Siboney» que la «Salida de Juan» de «Los Gavilanes». Baila un chachachá, una conga, que un pasodoble.

Las bodegas— sitios de venta de artículos de primera necesidad— eran propiedad, casi todas, de españoles. Allí nos reuníamos, incesantemente, en sus mostradores de caoba, a tomar cerveza; comer un bocadito; oír la «vitrola». Y la palabra: gallego-español— se oía como un martillo: «Gallego, repite el saladito». «Gallego, esta cerveza es un fenómeno. ¿Donde la conseguiste?»

En el interior, en cada villa o ciudad, había un centro español. Sus bailes eran memorables. Algunos regenteaban una delegación médica— con centro hospitalario y todo de los dos grandes centros regionales cubanos: «el Centro gallego» o «el Centro Asturiano».

Las comidas en Cuba, a pesar del calor, algunas veces tremendo, eran cubanas y españolas. Los cubanos somos los únicos seres en el mundo, fuera de la Península, que comen a la española.

Los domingos se comenzaba el almuerzo con un caldo gallego seguido de una muñeta catalana y de un arroz con pollo. Eso sí, el vino sólo se tomaba en muy contadas ocasiones, digamos: el día de Nochebuena.

Los productos españoles estaban por todos lados. Los embutidos; los jamones; las sardinas; y las medicinas como el «Saiz de Carlos», un digestivo.

La integración entre españoles y cubanos era perfecta. Martí hizo una guerra sin odios y dejó bien sentado que «la guerra no era contra el español». Máximo Gómez, el General que llevó la estrategia en las batallas, al pináculo, cuando tomaba un pueblo, visitaba la colonia española.

En lo espiritual somos hechura de España. Somos trabajadores hasta el delirio, porque lo heredamos de los españoles; pagamos nuestras deudas porque nos enseñaron los españoles que no pagar atenta contra la dignidad.

Tenemos ésta en sumo grado, la dignidad personal, porque nos legaron los españoles que el honor y la honra son supremos y que el que los pierde no vale para nada. Por eso, para el cubano, «ser un mierda»— no valer nada—; «ser un culo»— no valer nada» o «ser un hijo de puta»— una persona que hace daño o que no cumple sus obligaciones son las más altas ofensas.

El africano aportó sus ingredientes: aceleró la picardía que el cubano adquirió del español. Digo aceleró, porque unió a la española la que tuvo que desarrollar el esclavo o su descendiente para poder supervivir o para poder progresar. Aportó el gran sentido musical. No saber bailar, para el cubano, o bailar mal, es un bochorno.

Por eso es que siempre estamos hablando de nuestras proezas cuando niños, en las fiestas de quince o de adultos, en las Academias de Bailes, aquellos sitios non santos donde, sin ideas pecaminosas, ibamos a danzar con unas pobrecitas mujeres, que allí, se ganaban la vida girando toda la noche.

La comida africana es parte de la criolla. Llegó a nuestras viviendas por conducto de la servidumbre esclava que sirvió en casa de los amos. Hasta esos cuellos durísimos y brillosos que parecían una lata, por brillantes y duros, por los que el chuchero, aquel personaje de germanía lo llamaba: «la lata», hasta ellos, con su almidón, su piedra pómez, que los dejaban tan parados y lustrosos, fueron invento africano; de los esclavos africanos.

Parte de nuestra alma es el choteo y el relajo; el uno, una forma de apalear el dolor de una situación y el otro, una manera escapista de huir de ella. Ambos son una mezcla de lo andaluz con lo negro.

La influencia africana sobre el alma cubana es de tal categoría que hoy en día, en Cuba, ni el Catolicismo ni el Protestantismo tienen muchos adeptos. La gran religión es el Sincretismo: la unión del Catolicismo con las religiones traídas por los esclavos de África.

En otras áreas es lo mismo: el negro, con el andaluz, —éste fue mayoritario en los primeros años de la conquista— dio a la lengua cubana un sentido metafórico fuera de lo usual, así como una fortaleza expresiva que es única. Y esto en todos los estamentos de la misma.

De esta composición anímica tenemos que partir para lidiar con el cubano.

# CÓMO ES EL CUBANO.

El cubano, como el francés, como el inglés, como todas las nacionalidades escapa a cualquier definición. No se puede definir. Por algo decían los romanos; «que toda definición era peligrosa». Porque no la hay totalizadora.

Por ello, quiero señalar algunos aspectos del cubano que lo hacen un hombre excepcional y uno de los grandes pueblos del mundo.

El cubano, es ante todo, un ser espiritual. Si se mira la formación del cubano se verá que ésta no fue hecha porque se tenía, como en este país, una frontera que vencer, y a la que el hombre atacó de frente. Fue una lucha de Naturaleza contra Hombre. Es de notar que no acompañan a los «pioneros», en Estados Unidos, pastores o curas, y que cuando el pionero se asienta y funda un pueblo, y construye la iglesia, la influencia del pastor en la vida de la comunidad es mínima. El medio es tan hostil que se impone sobre lo espiritual. Por eso se vive en un país donde el materialismo, y por consiguiente, el triunfo, es la medida de la vida.

No estoy en plan de crítica. Estoy diciendo que los Estados Unidos nacieron formando riqueza. Y para que se vea el contraste con los cubanos.

En Cuba el paisaje era grácil; bello; sublime. No había que combatirlo. Había que adaptarse a él. El paisaje no era, como las grandes llanuras de Arkansas batidas por el viento y la tempestad incendiaria. El paisaje se integraba en el espíritu, trasmitiéndole su frondosidad, pero al mismo tiempo su apacible belleza y su verticalidad. Por esa verticalidad de la palma es que el cubano dice: «Somos verticales como la palma», es decir no nos doblamos.

Por eso, como se constata, del paisaje ha tomado el cubano los elementos que muestran su carácter: «Ser duro como la quiebrahacha»; «Ser duro como el jiquí»; «Ser fuerte como la ceiba». Esto es lenguaje cubano; habla cubana.

19

Veáse que las expresiones cubanas relacionadas con el paisaje, siempre están unidas al carácter y, por lo tanto, con el espíritu. Con la dignidad del ser humano, de la que Cuba ha dado ejemplo tras ejemplos; de la que el cubano ha dado ejemplos tras ejemplos, en la historia. En verdad la historia del cubano es un muestrario vivo de verticalidad; de dureza. El cubano, en la lucha por la libertad, de la que hablaremos después, ha sido siempre vertical. En la lucha contra la corrupción administrativa, contra la malversación, siempre el cubano ha sido vertical. En su lucha contra «los chivos» de cualquier tipo el cubano ha sido vertical. La verticalidad del ideario martiano, de Maceo, de Martí, de Varela, de los hombres que nos dieron patria, que nos construyeron la patria, formó el alma del cubano.

Toda la historia de Cuba es una de conflictos. La historia de Cuba no es evolutiva, es decir no se desarrolla en el tiempo en una forma lineal y en paz como en esas comunidades en que el trabajo común y la existencia común se desliza con pocos reveses.

No se trata de esos pueblos devenidos en naciones en que el conflicto no es lo que amalgama y si se presenta es de forma esporádica. En Cuba se vive en perenne batalla. El pueblo siempre tiene un enemigo que vencer: el aislamiento; el despotismo que ataca la cubanidad; el poder colonial que pelea en los campos de batalla contra las tropas cubanas.

El sentido de la solidaridad y del destino común nace en el conflicto permanente. El destino común se forja en un conflicto permanente. Pero este conflicto no torna violento a los cubanos. Decir que el cubano es violento es confundir la gimnasia con la magnesia. Decir que el cubano es violento porque el conflicto este presente en nuestra historia es lo mismo.

Ningún pueblo violento tiene ese sensualismo, ese deseo de gozar la vida. Ni expresa en su lenguaje que «la vida es un paseo»; ni pasea en los parques por la noche; ni se queda en su isla sin buscar aventuras externas— el pueblo cubano no emigraba—; ni construye las edificaciones con el tipo de azotea de que nos hablaba Raúl Ramos Proenza, para poder disfrutar de la brisa y de la noche.

Y se hace con una fruición, con un goce en que todo el ser cubano, en cuerpo y alma, se transforma en deleite supremo, al conjuro del clima de la Isla. Este ingrediente telúrico que proporciona este goce paradisíaco que es una característica especial de nuestra nación.

Hay en ella una atracción telúrica que no existe en otras partes del mundo. Cuando se leen las crónicas de los viajeros del siglo pasado; cuando se lee de la entrada de los barcos en la bahía y la descripción de La Habana;

de la ciudad como se presenta; de Regla, de Casablanca, el que describe lo hace como si hubiera llegado al paraíso terrenal.

Y lo mismo sucede cuando pinta el paisaje; ya sean lomas; cafetales; aguas termales; fincas. Cuba siempre ha sido en las descripciones mentadas un paraíso; y para España algo mítico.

Mi padre le llamaba «La Isla Bruja» y me decía que todos los españoles llegaban con el deseo de volver a España, pero que les pasaba como a él le señaló, un día, uno de aquellos emigrantes, con los que se reunía en un café que quedaba en la esquina del establecimiento en que él trabajaba: «La campana»; un almacén gigantesco dedicado al género de zapatos.

Éste, contaba mi padre, afirmaba que Cuba era la Isla Bruja; «te quieres ir José, pero te salen del suelo unos Bejucos verdes que te aprisionan y no te dejan mover. Cuba es la Isla Bruja; Y no puedes volver. Es la Isla Bruja». El que hablaba era un hombre soltero; mayor.

Una Isla con estas cualidades telúricas no crea hombres violentos. Los que movidos por reciente historia, confundidos por reciente historia y muchas veces «intelectuales a la violeta» que no conocen la historia de Cuba o a su pueblo, gente que no se llenó de nuestra tierra porque la hecatombe que nos tiene regados por el mundo los cortó en plena niñez de la savia de la patria, lanzándolos al extranjero, hablan de la violencia del cubano, debían mostrar un episodio en la guerra de Independencia, en que el ejército mambí haya fusilado a mansalva; asesinado a mansalva. Haya, simplemente fusilado o asesinado a sus enemigos.

Fuera de lo hecho por la llamada Revolución, —por la comunista— ¿qué violencia anterior en grandes proporciones, existe en Cuba, en toda su historia, que se asemeje a los 75,000 fusilados en unos días por los franceses cuando el episodio de la Comuna; o a la violencia de los Comuneros —cuando la Comuna— que querían dejar a París sin un monumento, como contaba el poeta Verlaine? Muchos echaron abajo en su violencia.

¿Cuándo ha habido en Cuba una violencia como la de la noche de San Bartolomé? ¿Cuándo una como la construcción de San Petersburgo? ¿Cuándo algo como lo del Virginius? ¿O cómo la Reconcentración?

Estamos hablando de la historia cubana hasta Castro, porque éste y sus secuaces pertenecen a la antihistoria, es decir, por motivos que no voy a examinar aquí, son un grupo de asesinos que tomaron el poder y que odian profundamente la historia del pueblo cubano, y al pueblo, porque nunca pudieron ser nada en la patria cuando la República. Además, son los agentes de un poder extranjero.

¿Cómo puede ser violento un hombre que se suicida por amor o en un pacto suicida enamorado de su compañera? Ama en una forma romántica a la mujer; la ama hasta la muerte; se rinde pasionalmente ante ella. Entrega a ella sus facultades; su raciocinio.

¿Cómo puede ser violento un hombre, que en este terreno, el del amor, cometía muchos raptos al año? Cuidado. Rapto no es el «rape» del derecho penal americano ni la «violación», la «violation» del derecho común inglés. El rapto, en la legislación penal española, es fugarse una pareja por amor. La mujer era menor de edad. Tenía que ser menor de edad. Para protegerla, la ley presumía que había sido engañada para que se marchara de su casa, ofreciéndole, el raptor, matrimonio. Pero había que verla en el juicio defendiendo a éste, a sangre y fuego. La pareja se casaba y ya. No había sanción penal. Los delitos violentos en Cuba, como el asesinato, apenas existían. La violación era casi inexistente. Yo vi un caso en nueve años que ejercí mi profesión en la Audiencia de La Habana. Y eran casos en que la mujer había sido obligada a yacer en contra de su voluntad, por el marido celoso, o por el amante engañado. Siempre había el ingrediente del amor en ello.

El culto a la mujer en el hombre cubano adquiere proporciones estratosféricas. Desde niño se le dice que se deshonra el que habla mal de mujer. Martí lo esculpió en uno de sus versos. Desde niño se le dice que tiene que proteger a su mujer y a sus hermanas. No se puede agredir a una mujer — ni a nadie, por supuesto— delante de un cubano. Ni ofenderla. La caballerosidad española es una faceta mayúscula del cubano. El cubano, ama, además, a su madre sobre todas las cosas. Y dice esto que indica su respeto hacia la mujer: Una mujer es mi madre». Esta frase del pueblo, resume toda una filosofía «de lo cubano». Para el cubano, el que no quiere a su madre no quiere a nadie. Es un «hijo de yegua», que en cubano, es el insulto totalizador.

Hay pues, en el cubano, en lo cubano, una filosofía del amor centrada en la madre y en la mujer. El cubano sigue la tradición española de «la primera novia»; la que nunca se olvida. El cubano cree en los versos de amor a la amada. Por «picúos— cursis— que sean. En otras cultura, en la norteamericana, esto es signo de poca hombría. Se es un «sissy».

Como en la cultura española, el cubano ama a su familia sobre todas las cosas. Y la protege. «Es el hombre de la casa». Es el que tiene que perder la vida por la familia, si es necesario.

Yo recuerdo un día cuando estábamos en una finca piñarena, en la casa vivienda, y se oyeron afuera unos pasos raros. La niña de la casa, de unos doce años, le dijo al padre: «Papa, mira aver si hay ladrones. Tú eres el hombre de la casa».

La mujer cubana era «la reina del hogar». Era el centro de la familia. Era la que criaba a los hijos, la que le infundía los valores cubanos. Los hombres cubanos son hechos por las madres cubanas. Pero al estilo de María Grajales que los creó carácteres.

¡La madre cubana! ¡la mujer cubana! Para ella y para ellas el cubano ha tenido adoración. Ha visto, en la mujer cubana, la mujer fuerte; la que mandó sus hijos a la guerra de independencia; la que fue a ella, a hacer el rancho y servírselo a la tropa, como la Señora de Agramonte, el Bayardo; la que dio a luz en la Manigua, como la mujer de Máximo Gómez, el que nació en la República Dominicana pero fue cubano de tronco de jiquí; que tuvo el alma cubana; la que tejió la bandera; la que trabajó en las fábricas en la Emigración Heroica, como la ancianita de Tampa de que habla Martí; la mujer que nunca le falló al marido y se quedó trajinando en la patria, cuidando de los niños pequeños, o salió hacia el exilio, mientras el esposo peleaba en la guerra.

La mujer cubana ha combinado su fortaleza espiritual con su pozo de ternura. Hay pocas mujeres tan femeninas, tan dulces, tan bellas como las cubanas. La mujer cubana siempre ha sido oasis y apoyo para el hombre cubano.

Ella nos educó a muchos; ella nos recibió a muchos cuando dábamos el primer llanto a la vida. No hubo un rincón de nuestra patria en que ella no sobresaliera: ¡La mujer cubana! Ella hizo tierno al hombre cubano en sus sentimientos y lo hizo carácter. Ella lo hizo espíritu. Espíritu de libertad y de honradez.

Así simplemente lo digo. No importa. Sí es, como señaló Martí en aquella carta al periódico de Filadelfia, al «Sun» de Filadelfia, que trató de injuriarla.

El cubano, la cubana, es esto y mucho más. Por eso, no importan los detractores del patio que hablan por boca de ganso, extranjeros en su patria en la que nunca disfrutaron de un guarapo en «Los Parados», contra «lo cubano». El sol no se puede tapar con un dedo.

El cubano es un hombre bueno. Tan bueno que su preocupación máxima es que lo llamen «hijo de puta» o que «es un mierda», insultos que lo pintan, el primero, como un canalla total y el segundo como una persona que no vale nada.

Al cubano se le ha acusado de envidioso. Es verdad que la envidia, fue magistralmente utilizada por los comunistas para esclavizar a Cuba. Pero la envidia no es una característica sólo del cubano o del español. Yo me la he encontrado en todos lados, en todos los pueblos. Crece en todos los hombres y en todos los sitios.

La envidia no es privativa del cubano. Más envidia reitero he encontrado yo entre otras nacionalidades; y aún, aquí, en este país. Porque en Cuba se equipara el envidioso al «hijo de puta» citado arriba. No se hace distinción entre ambos. Por eso el envidioso en Cuba, que repito, lo había como en todas partes del mundo, porque la envidia es universal, tenía buen cuidado en ocultar su vicio, mientras en otras latitudes no se hace así. En Cuba, la madre cubana y al padre predicaban siempre una alta moralidad a sus hijos entre ella la de la emulación. Sofocaban la mala yerba de la envidia.

La envidia está en la naturaleza humana. Está hasta en los angeles. Lucifer, que era el santo más bello pecó de envidioso y de soberbio. Envidiaba a Dios y quiso ser como él. Por eso el Señor lo precipito a los infiernos.

Por eso, como es una cosa universal, el gran psiquiatra español: Mira y López, en su obra clásica: *cuatro gigantes del alma,* la estudia desde tal punto de vista de la universalidad.

No es el cubano, pues, más envidioso que la generalidad de los mortales. Sus defectos son otros. Uno de ellos es la candidez, la que brota del hecho de que el cubano es un hombre bueno y sobre todo muy abierto. No tiene esos pliegues, esos problemas anímicos que se encuentran en otros pueblos que han conducido a que se escriban libros como: *El temperamento neurótico* de Adler.

Por no tener esos pliegues el cubano, es abierto, reitero, franco, y confía, en los demás, en demasía. Cree que son como él. De ahí los fracasos de su vida y sobre todo en la política. Cualquier demagogo lo engaña fácilmente. Castro es una consecuencia de esto que estoy afirmando. Ser que se da totalmente a una causa o a la amistad, el cubano no reflexiona sobre el hecho que el hombre, como decía Picón Salas, es malo, o por lo menos, como creo yo, sin ser tan radical, el homo sapiens, es Príncipe de la Luz y Príncipe de las Tinieblas. Lo indicó el poeta español: Don Luis de Góngora y Argote en el siglo XVII.

El cubano, que se cree muy vivo, no se da cuenta de esto, y se entrega sin remilgos. Esto fue parte de lo que pasó con Castro. Parte de lo que ha pasado a través de nuestro vivir republicano.

El cubano deja de ser él para entregarse. Se da completo, sin pensar que él del otro lado no es igual. ¡Mira que el cubano ha luchado durante la República por una América Libre! ¡Y que mal le han pagado! ¡Lo han traicionado! Como lo traicionó los Estados Unidos; como nos traicionó, este país al que el cubano admiraba como nadie; creía su hermano; y al que ni le aumentó el precio del azúcar, ni le cobró el precio del azúcar de acuerdo con el mercado mundial, para ayudarlo en su esfuerzo bélico. En la Segunda Guerra Mundial.

Es el cubano demasiado sentimental y por eso se le engaña fácilmente. Está seguro, de la bondad ignata del hombre; de la bondad de las relaciones internacionales, ¡Y qué mal le han pagado!

Sí, tiene fallas que atentan contra él; ¡pero que grandes virtudes como se ha visto! ¡Qué fe en el progreso!, ¡en la humanidad!, ¡en el ser humano!, la del cubano. ¡Cómo lo han engañado! Si no se hubiera robado tanto por los falsos gobernantes que defraudaron la fe del cubano, las calles de la Isla hubieran estado pavimentadas en oro, y nos encontraríamos allí, viviendo bajo el azul intenso de nuestro cielo, sin nubes malsanas.

Sí, el cubano cree en «la bondad» de la naturaleza humana. Y este es uno de sus problemas, más que un defecto, porque creer en la «bondad de la naturaleza humana, repito, es algo sublime. Lo hemos visto cuando el cubano llama «hermanos» a los latinoamericanos; y esto le sale del alma. No hay tales hermanos. La historia lo ha demostrado. Y la nuestra del presente no puede ser más dolorosa. Nos han traicionado. Ahí están las declaraciones de presidentes catalogados como grandes demócratas, y las envidias de muchos de ellos hacia nuestro pueblo y sus grandes triunfos, que han movido sus manipulaciones para que Cuba no sea libre. Los cubanos hubiéramos dado la vida combatiendo contra el comunismo si éste, en vez de Cuba, hubiera sojuzgado a otra nación del continente. Porque es filosofía del cubano y de lo cubano, algo que forma parte del alma cubana, el luchar por la libertad, por los grandes ideales de la humanidad. Nunca el cubano envidió a una nación del continente ni a un pueblo. Ni nunca un gobernante cubano utilizó la envidia, por lo tanto, para hacer mal a las naciones de este América Hispana.

Pero hablemos, con más detalles de como es el cubano y de la filosofía, por lo tanto, de lo cubano.

***

**Retomo la envidia.** La envidia está en todas partes del globo terráqueo. Es un carcinoma de la naturaleza humana. Así se ve, siempre, en la historia de la humanidad.

Por ejemplo, he estado repasando un libro de Octavio Bunge, filósofo argentino, al que nuestra generación leyó con avidez en los años universitarios, con el título: *Nuestra América* (*Ensayo de Psicología Social*). Es de 1918.

Aunque estudia principalmente a su patria, Argentina, indica que los males que señala son de toda América. Ve, en el gaucho, una serie terrible de defectos. Y es que Bunge, como algún cubano, como Fernando Ortiz en Cuba, está corroído por un fuerte pesimismo. Y todo lo encuentra negro.

Bunge hace de la envidia un mal del hispanoamericano. Y tiene razón. Porque la envidia es un mal del hombre; del homo sapiens. No es característica de un solo pueblo. No sé cuantas veces he repetido como murió uno de los grandes trágicos griegos. Se había exiliado y unos poetastros del país que lo acogió, por envidia, le echaron unos perros feroces que lo destrozaron. Pretendieron hacer creer que fue un accidente.

La envidia, pues, es universal. Todo hombre tiene que combatirla continuamente. Es un vicio tan fuerte que José Mira y López, el famoso psicólogo español, en *Cuatro Gigantes del alma*, un estudio clásico sobre el amor, la ira, la envidia... la incluye como uno de los motores que ha movido al mundo.

Achacársela a los cubanos como vicio nacional, como se ha hecho a la violeta, por gente sin conocimientos suficientes para manejar el tema, es desconocer lo antes dicho.

Como está en la naturaleza humana cada vez que se rompen los muros de contención de la pasión, como en las revoluciones llenas de odio, como fue la cubana, aflora como una hierba mala incontrolable.

# EL CUBANO:
# HOMBRE JURÍDICO.
# HOMBRE CONSTITUCIONAL.

Pocas veces sobre un pueblo se ha trabajado más, espiritualmente, en el sentido de hacer a mano su conformación anímica como nación, que con el pueblo cubano. Y pocos pueblos han conservado más puros, las enseñanzas y los credos que moldearon su alma, como el nuestro.

Mientras otros pueblos, como digo más adelante, al hablar del norteamericano perdieron un segmento mayoritario, casi total, de esa formación, no sucedió, debo indicarlo de nuevo, lo mismo, con Cuba.

El fuertísimo sentimiento jurídico que trajeron a estas tierras los peregrinos del Mayflower, que les permitió confeccionar y firmar un Coventant a bordo, durante el viaje hacia estas latitudes, edificando y protegiendo la libertad como bien supremo del individuo, ese sentimiento jurídico está ya casi ausente del pueblo norteamericano. Los tiempos que corren, con los dislates que cometen los jurados y con la crisis, completa, del derecho en el país, lo demuestra.

Que les permitió hacer la primera constitución de América, la de Connecticut, está casi ido.

Lo mató la violencia; y el fraude jurídico que caracterizaron la conquista del Oeste, obra, en otro sentido, en el individual, de una proeza de la que pocos pueblos son capaces.

Lo mismo sucedió con la religión. Y con el puritanismo y su ideal ético.

Tal lo indica Max Scheler, el esclarecedor filósofo alemán, en su obra: *El resentimiento en la moral.*

«El reto de la frontera», de que hablo Turner, el famoso historiador, hizo grande a esta nación, pero plantó, así mismo, las bases de su crisis actual, de una profundidad que puede llevar a colapsos.

La formación nacional individual, que iban creando Emerson en nueva Inglaterra y Thoureau, y los Trascendentalistas, dejó de ser muy pronto. Esta formación nacional, que consiste en trabajar sobre el espíritu, de ser formada, las nación, por hombres que fueron dejándonos dentro, un cuerpo jurídico moral-ético—, ha sido hecha para el pueblo cubano con un vigor de apóstoles, por una serie de patricios de espíritu: los hombres del diez y nueve, y llevada al cenit por un Apóstol de la Humanidad, por José Martí, que creó un universo espiritual-ético— jurídico-político, completo, para el mismo. Adaptado a su alma. Un universo que no tiene paralelo en el mundo.

Y los cubanos viven soñando con su implantación definitiva. Y no olvidan a otros que se adaptaron perfectamente a lo que soñó Martí, que lo cumplieron en vida y que le añadieron contribuciones de oro: los hombres como Varona y Coyula. Y los héroes epónimos: Máximo Gómez, Maceo; Flor Crombet; Quintín Banderas, Perucho Figueredo...

Los cubanos invocamos y tratamos de seguir, continuamente, sin desfallecer, lo que nos enseñaron, lo que nos legaron todos esos hombres.

No ha sucedido, lo mismo, por ejemplo, en Estados Unidos, donde el culto a sus fundadores está ya casi desaparecido y donde los peores insultos, en esta época nefasta, se han dejado caer sobre los Padres Fundadores, como afirmar que Washington era un vulgar rascabuchador.

Si el Pragmatismo llegó hasta imponerse en una mente sublime como la de Santayana, esta doctrina que ha eliminado aquí a la espiritualidad, ésta doctrina no nos llegó a nosotros. Este positivismo grosero — que tal es el pragmatismo— no nos permeó a nosotros. Creemos, aún, en las fuerzas del espíritu como reguladores de la vida humana y de la historia. Porque fuimos formados en ella.

No, no estoy criticando a Estados Unidos. Estoy comparando para que se vea porque son las fuerzas profundísimas del espíritu las que moldeadas por nuestros patricios, mueven al cubano. El cubano actúa, como lo describimos por que su espíritu contiene una serie de principios metidos dentro de sus redaños por Varela, por Luz y Caballero... y que culminan en el ideario ético y épico que creo Martí, el que resume toda la conciencia de la Cuba eterna y que terminó de fraguar la nacionalidad cubana.

La nacionalidad cubana, Cuba como nación, no se forja, de forma completa como se cree, en el siglo XIX, sino que se fragua, definitivamente, con Martí. El siglo XIX es sólo un camino, que termina con el ideal, machaco, de Martí en todos los sentidos, abarcando, sobre todo, la ética y la épica. Hagamos una comparación.

En Estados Unidos finiquitó el espíritu del puritanismo. Y no lo digo yo. Lo afirman los grandes estudiosos de este país, sus propios hijos que lo han analizado.

Se acabó aquella espiritualidad profundísima del «Trascendentalismo» de Emerson y otros, que tuvo lugar en Concord, y que hacía al hombre parte de la naturaleza porque ésta era la expresión del Ser Supremo, como es el hombre, y le daba así totalidad al ser humano, haciéndolo, al unísono, trascenderla en busca de Dios.

Y al mismo tiempo, con el sentido pragmático que tiene, el norteamericano hizo del trabajo y del individualismo, también espiritualidad, por el canal del disfrute estético— así lo llamo más tarde Santayana— de la acción realizada con efectividad y provecho sobre uno mismo para mejorarse.

Este espiritualismo pasó, con *Leave of Grass de Whitman* al «espiritualismo por la acción». Es el de los leñadores cortando árboles; el de los hombres ayudando a otros en la guerra civil; es el de los constructores de casa, en su poesía. Fue el que observó Tocqueville cuando visitaba los Estados Unidos.

Mientras los Estados Unidos se hicieron con la acción sobre la naturaleza, nosotros fuimos hechos con la acción sobre el espíritu. Habíamos, por supuesto, heredado de España el gran sentido jurídico que los cubanos poseemos. Pero Varela y Agramonte trabajaron sobre nuestra alma para hacer ese sentido jurídico más hondo, más consubstancial al cubano. Martí lo condensó cuando afirmó que la primera ley de la República es el respeto a la dignidad plena del hombre.

Fernando Fernández Escobio, al que cito repetidamente, porque sus conferencias y libros son imprescindibles para conocer las raíces cubanas, señalo lo que sigue: «nuestras raíces fueron el producto de un proceso secular de muchos años, de siglos y de varias generaciones» (En «*Félix Varela: Forjador de la patria*». Es una conferencia.)

Varela trabajo directamente sobre el espíritu de los cubanos. En sus lecciones de Derecho Constitucional nos inculcó hasta los redaños «el estado de derecho». El estado de derecho siempre para los cubanos ha sido inviolable. Cada vez que se ha tratado de quebrantarlo, o que se quebrantado, en una forma u otra, los cubanos han reaccionado violentamente en unos caso, como él del continuismo y con una estruendosa protesta contra la malversación. Estos dos grandes males son los que trajeron principalmente el comunismo. Y otros.

Varela trabajó sobre una élite, que a su vez, laboraría sobre el pueblo cubano; sin cesar sobre el espíritu del pueblo. La nacionalidad y el espíritu del cubano, lo he dicho en otras ocasiones, fueron moldeados a mano.

Vuelvo a citar a Fernández Escobio en su conferencia sobre Varela «Su cátedra ofrecida en lengua vernácula, adquiriría tal popularidad y prestigio a través de toda la isla, que constituyó una fragua con alumnos de distintas vertientes y estratos sociales».

Continúa: «En 1818 ya se nutrían de la savia que ofrecía el maestro, el bayamés José Antonio Saco, Cayetano Sanfeliu, Nicolás Manuel Escobedo — el ciego que vio claro— Silvestre Alfonso, Prudencio Hechavaría, Anacleto Bermúdez, Francisco Sentmanat, los matanceros Francisco de la D. García y José María Casal, Cristóbal Madan, José del Allo; José Agustín Govantes, el naturalista Felipe Poey Aloy, el principeño Gaspar Betancourt Cisneros, José María Mendive, el preceptor de Martí, José de la Luz y Caballero y su hermano Antonio...

Nos recuerda, Fernando Fernández Escobio que el concepto de Patria fue definido, por primera vez en Cuba, en aquellas lecciones del padre Varela respondiendo a una pregunta de San Feliú.

Voy a trascribirlo porque vemos que la patria, para Varela, es espíritu unido a la tierra donde se nace: «Patria es el lugar en que por primera vez aparecemos en el gran cuadro de los seres, donde recibimos las más gratas impresiones, que son las de la infancia....la patria la consideramos como nuestra madre y nos resentimos de todo que pueda perjudicarla....la patria no significa un pueblo, una ciudad, ni una provincia.... de aquí procede el empeño de defender todo lo que le pertenece, ponderar sus perfecciones y disminuir sus defectos» (Copio de Fernando Fernández Escobio).

La patria es espíritu. La patria es todo. Y ese espíritu es, como venimos escribiendo, el del cubano, el que se fue haciendo paulatinamente. Ya volveremos a lo jurídico más tarde pero ahora, insistiendo sobre el tema hablaremos de José de la Luz y Caballero.

Este hombre era un sacerdote. Era un monje. Cuando leemos sus obras encontramos como aquella alma llena de luz, desde el Colegio el Salvador vertió, sobre la generación que hizo la guerra del 68, lo mejor de su magisterio. Penetró al alma cubana, al espíritu de la nación con lo más granado de un credo moral sublime, donde el hombre es el centro del universo y debe aspirar a «ser un evangelio vivo».

Si para educar había que ser un evangelio vivo, la misma norma se aplicaba a la vida. En el Colegio el Salvador, trabajando sobre el espíritu; refinando el espíritu de sus educandos, logró Luz y Caballero inculcarles el amor por la patria y hacer de ellos unos caracteres. Todos nuestros grandes hombres fueron unos caracteres inmaculados en sus vidas: Varela, Escobedo; Martí; Maceo, Máximo Gómez, Flor Crombet...

Educaron en forma tal que hicieron de mármol el carácter. Es bueno que pensemos de nuevo en ello; en la generación de la Guerra Grande. Inculca-

30

ron en ella tales valores que para los hombres que se lanzaron a la manigua «aquella madrugada fría», «morir por la patria era vivir».

En las tertulias de Domingo del Monte se hizo lo mismo: se fue al espíritu cubano directamente, para evitar que se contaminara con los horrores de la esclavitud.

Cuando se leen tres novelas: *Francisco, el Ingenio o las Delicias* del Campo de Anselmo Suárez y Romero; *Petrona y Rosalía* de Félix Tanco y Bosmeniel y la que contiene el cuadro de la sociedad cubana del diez y nueve: *Cecilia Valdés*, de Cirilo Villaverde, se comprende el infierno moral en que estaba sumergida Cuba.

La esclavitud era un infierno moral que insensibilizaba al hombre y lo tornaba una bestia. Le producía un «daltonismo moral» enfermedad, que como decía el criminólogo Lombroso, el creador del «Delincuente nato», hacía que el ser humano no pudiera distinguir entre el bien y el mal.

Cuando se lee el *Diario de un Rancheador*, editado por Cirilo Villaverde, contemplamos una insensibilidad moral en el rancheador que equivale a cero. Cuando observamos esas batidas completas, que no dejan hierba que remover, aún en los más difíciles y escabrosos lugares, donde era una hazaña posar el pie por lo abrupto del sitio, esas batidas encaminadas a liquidar al cimarrón, comprendemos que «el rancheador sufre de «daltonismo moral» y no entiende porque el esclavo huye. Cuando vemos que el rancheador no tiene el menor concepto de lo que es la libertad.

A tal grado había llegado la insensibilidad espiritual, el «daltonismo moral» de la clase dirigente en Cuba, que cuando del Monte y sus amigos proponen traducir el libro de un publicista: Charles Comte— no confundirlo con Augusto Comte— *Traite de Legislación ou esposition des lois generales suivant les puelles les peuples proprent decroissena ou restant stationnaires* que estudiaba en uno de sus capítulos la esclavitud, cuando se le sometió al padre Varela y a Tomas Gener, el gran catalán—, cubano, señalaron que nada se lograría con divulgar la obra, porque los esclavistas no se arrepentirían, porque actuaban con malicia. Actuar con malicia, en el lenguaje del siglo diez y nueve significaba «la máxima degradación de la sensibilidad humana». Un daltonismo moral que ponía el bienestar económico sobre el sufrimiento del homo sapiens.

En el círculo de Domingo del Monte, con la publicación de las novelas citadas, con la compra de la libertad del esclavo Manzano, el poeta, y la publicación de su autobiografía, y la traducción de la misma al inglés y otros idiomas, con la publicación de la obra de Charles Comte, laborando intensamente sobre el espíritu cubano, se logró que aquel infierno moral no

31

dejara un estigma de crueldad permanente en el cubano; «se limpió lo cubano».

Y la obra de Martí es un ideario ético. Como la de Luz y Caballero: el de «la verdad y sólo la verdad nos pondrá la toga viril». Martí habló al espíritu del cubano. Martí martilló la moral; la espiritualidad; la sensibilidad ante el dolor y la muerte; el amor por la patria; en fin todo lo que constituye la grandeza del hombre, en el espíritu del cubano.

Por eso el cubano es un hombre profundamente espiritual y un hombre profundamente martiano. Por eso la obsesión cubana de ser como Martí; como Varela; como Luz y Caballero. Pero sobre todo como Martí. Quiere que se cumpla, al pie de la letra, el ideario del Apóstol.

Nuestra espiritualidad sigue la tradición humanística de Marcos Aurelio; de Teofastro; de *Las tablas de Cebes*. Por eso, estas lecturas, estas obras, con juntamente con las virtuosas de Cicerón, se leían ávidamente por el estudiantado universitario, que aspiraba a ser algo en la vida. Labrarse un porvenir.

Este es el cubano que formaron estos grandes hombres que hemos recordado.

Pero estos grandes hombres nos construyeron, construyeron al cubano como un ser épico, porque le enseñaron que lo más importante para el pitecantropus erectus es la patria y la libertad. Que el primer valor no es la vida sino la libertad y, por lo tanto, la patria libre. Y que por la patria había que morir. Por eso Francisco Aguilera exclamó: «mientras no tengas patria no tienes nada».

Oíganse estas palabras de Martí en su discurso: «Con todos y para el bien de todos». Es larga la cita, pero necesaria, porque al finalizar el discurso Martí funde la patria con la épica. Porque el cubano es un hombre cuyo espíritu fue insuflado, por el Apóstol, por los que nos construyeron la patria, por nuestros mártires de dos siglos de lucha por la libertad, con el alma de la épica. Así dijo el Apóstol en este discurso donde la libertad camina de mano de la guerra; de la épica. Donde habla directamente al cubano. Escuchémoslo.

¡Basta, basta de meras palabras! Para lisonjearnos no estamos aquí, sino para palparnos los corazones, y ver que viven sanos, y que pueden; para irnos enseñando a los desesperanzados, a los desbandados, a los melancólicos, en nuestra fuerza de idea y de acción, en la virtud probada que asegura la dicha por venir, en nuestro tamaño real, que no es de presuntuoso, ni de teorizante, ni de salmodista, ni de melómano, ni de caza nubes, ni de pordiosero. Ya somos unos, y podemos ir al fin: conocemos el mal, y veremos de no recaer; a puro amor y paciencia hemos congregado lo que quedó disperso, y convertido en orden entusiasta lo que era, después de la catástrofe, desconcierto receloso; hemos procurado la buena fe, y creemos haber logrado, suprimir o reprimir los vicios que causaron nuestra derrota, y allegar con modos sinceros y para fin durable, los elementos conocidos o esbozados, con cuya unión se puede llevar la guerra inminente al triunfo. ¡Ahora a formar filas!

«¡A formar filas!» Y acto seguido recuerda «las patria» de que hablaba Varela y de «nuestra pasión por el derecho»:

¡Con esperar, allá en lo hondo del alma, no se fundan pueblos! Delante de mi vuelvo a ver los pabellones, dando órdenes; y me parece que el mar que de allá viene, cargado de esperanza y de color, rompe la valla de la tierra ajena en que vivimos y revienta contra esas puertas sus olas alborotadas... ¡Allá está, sofocada en los brazos que nos la estrujan y corrompen! ¡Allá está, herida en la frente, herida en el corazón, presidiendo, atada a la silla de tortura, el banquete donde las bocamangas de galón de oro ponen el vino del veneno en los labios de los hijos que se han olvidado de sus padres! ¡Y el padre murió cara a cara al alférez, y el hijo va, de brazos con el alférez, a podrirse a la orgía! ¡Basta de meras palabras! De las entrañas desgarradas levantemos un amor inextinguible por la patria sin la que ningún hombre vive feliz, ni el bueno, ni el malo. Allí está, de allí nos llama, se la oye gemir, nos la violan y nos la befan y nos la gangrenan a nuestros ojos, nos corrompen y nos despedazan a la madre de nuestro corazón! ¡Pues alcémonos de una vez, de una arremetida última de los corazones, alcémonos, de manera que no corra peligro la libertad en el triunfo, por el desorden o por la torpeza o por la impaciencia en prepararla; alcémonos, para la república verdadera, los que por nuestra pasión por el derecho y por nuestro hábito del trabajo sabremos mantener- la; alcémonos para darle tumba a los héroes cuyo espíritu vaga por el mundo avergonzado y solitario...

Y en la lectura del Steck Hall, en Nueva York, el 24 de enero de 1880 la exaltación de lo heroico en el cubano, de la gesta del cubano, de la épica del cubano es constante: «(...) a despecho de todos, y con aplauso y admiración de muchos, los cansados se fortalecen; las armas oxidadas salen de las hendiduras donde sus dueños prudentes las dejaron, en olvido no sino en reposo (...) y aquella década magnífica, llena de épicos arranques...

Toda la lectura está colmada del heroísmo del cubano; de la épica del cubano. Toda la lectura. Y continúa el Apóstol: «Las mejillas tenían que enardecerse con el calor de los pasados combates; los guerreros tenían que preguntarse: ¿dónde están mis armas?; las esposas se habían habituado al sublime dolor (vean que llama al dolor de ver partir a los esposos hacia la guerra, «sublime dolor») de ver partir cada día para la muerte a sus maridos"; y en una de sus frases inolvidables lo define todo, define al cubano en su heroicidad, en su épica: «las almas nuevas venidas al mundo al resplandor de las batallas, vigorosas con el aire de los campamentos».

Por dos siglos buscando la independencia las almas cubanas vivieron así: este es el heroísmo; el amor por la libertad; la épica, tres capas que forman el alma del cubano y sobre las que vertió su aliento redentor el Apóstol de la libertad de Cuba.

Así somos hoy. Por eso, en la lectura de que cito, pudo escribir el apóstol: «Pero vosotros, emigrados buenos, sufridores de hoy, triunfadores de mañana; vosotros que bautizáis a vuestros hijos con el nombre de nuestros héroes más queridos, de nuestros mártires, de nuestros inválidos...

De esta manera habló el Apóstol a la Emigración Heroica, al Exilio Histórico de ayer. De la misma manera habla al de hoy.

El cubano, por lo tanto, no teme a la muerte. De aquí que Martí pudiera decir: «la muerte no es verdad cuando se ha cumplido fielmente la obra de la vida». De aquí que en un discurso leído y titulado: *Alfredo Torroella* hablara así de ella: «¡Muerte! ¡Muerte generosa! ¡Muerte amiga! (...) miedo de los débiles; placer de los valerosos.

Pero esto no es un placer morboso porque: ¡Muerte, muerte generosa, muerte amiga! ¡ay! ¡nunca vengas!

Los cubanos, y esta es una de nuestras características más señeras amamos la vida. Siempre hemos considerado, como escribió Álvaro de Villa, la vida como un paseo.

Por eso, en el lenguaje popular donde hablamos sin «inhibiciones lingüísticas» decimos que «morirse» es: «guardar el carro». Paseamos, por lo tanto, por la vida. O es la vida, la existencia, una cosa deportiva. De aquí que en este lenguaje popular «morirse» es, igualmente, «entregar el equipo».

Es, «cantar el Manisero», una canción cuya letra es la que sigue: «Manisero, el manisero se va... El cubano, cuando se muere, «se va» como el manisero, pero deja, como en la canción, un recuerdo dulce, grato.

La filosofía de lo cubano, de la vida, tiene, por lo tanto, dos facetas: la vida como goce y la vida como épica: la muerte heroica cuando la patria lo demanda; cuando se ha violado la Constitución; cuando se ha coartado la libertad.

Entonces, y vuelvo sobre lo mismo, «morir por la patria es vivir» y el cubano no vacila y muere heroicamente.

España fusiló, durante estos dos siglos de lucha por la independencia a que me he referido, a innumerables patriotas. Todos partieron hacia el más allá con lo heroico saliéndosele por los poros. El comunismo cubano ha fusilado a miles. El grito de «Viva Cristo Rey» o «Viva Cuba Libre» fueron lo último que salió de las bocas.

El cubano muere heroicamente en defensa del «derecho», «del estado de derecho», porque el cubano sabe que «el estado de derecho» es la garantía de la libertad.

Hay en el cubano un sentido de justicia heredado de España que pone al derecho natural por encima de la ley. De ello habló Ganivet, tratando del choque entre derecho positivo y derecho natural en su *Idearium Español*. De como el español tiene un sentimiento de Justicia propio, tomado del Derecho Natural. De aquí que esté dentro de nosotros.

Porque el cubano cree, como el español, que el Derecho Positivo, que las normas de la ley, deben coincidir con el Derecho Natural. En un desahucio, si la desahuciada es una viejita sola, el cubano se yergue contra la ley positiva que la condena a ser desalojada de su vivienda. Porque viola el sentimiento de humanidad, de justicia que hay en el corazón de todo hombre y, que el cubano, siguiendo la tradición romana — española, funde con el derecho natural. El derecho natural es, por lo tanto, un arquetipo de norma que está sobre todas las demás y que se expresa en el ser humano con un sentimiento innato de justicia.

El cubano aceptara el fallo del juzgado pero éste lo herirá en su sentido de justicia. «La ley es dura pero es la ley». «Que dura es la ley y que injusta a veces», gritará el cubano.

Pero cuando se llega, a la Constitución la cosa varía. El cubano considera la Constitución la ley de leyes. El epítome de la verdad jurídica. Del derecho natural.

Por eso, su violación, con los continuismos que azotaron a la República, siempre lleva a la respuesta violenta del pueblo cubano. La violación de la

35

Constitución, interrumpiendo su proceso o eliminándola, es lo que ha conducido al actual problema patrio.

Los cubanos heredamos de los españoles la creencia en la ley como panacea que todo lo cura, cuando copia al derecho natural. Por eso, en plena formación de la nacionalidad, en el siglo diez y nueve, las conferencias de Varela sobre la Constitución penetraron el alma de Cuba, afincando cada vez más el espíritu jurídico que nos venía de la formación española. No en balde, España es la autora del Fuero Juzgo y de las leyes concediendo los fueros y otras prerrogativas a ciudades españolas que quedaban por ello fuera, en muchas áreas, de la potestad jurídica del Rey.

Estos fueros, llamados innumerables veces, «Cartas de Libertades», que como su nombre indica, otorgaban libertad a la ciudad o ciertas corporaciones para, en la materia señalada, poder legislar o gozar de privilegios. Poder legislar autonómicamente sin necesidad de acudir al rey; sin que el rey pudiera intervenir en la confección de lo legislado o en su implantación; en su dominio.

La ley se asoció así con la idea de la libertad. Pero en Cuba, además, debido a nuestras especiales condiciones, en el pase de Factoría a Colonia debido al talento de Arango y Parreño, que por cierto se llamaba «habanero» y, por lo tanto, «cubano», esta idea de Ley igual a libertad se amplió, ya que la formación de la Colonia tenía que ser lograda mediante leyes u otras disposiciones jurídicas españolas favorables a Cuba, que Arango y Parreño con gran inteligencia iba arrancándole a la Metrópoli.

Para el cubano, por otro lado, la ley represiva no era ley y había que luchar contra ella frontalmente. Esto es otra cúspide del Derecho Natural.

El punto no se ha estudiado en Cuba pero es innegable que la Doctrina de los Derechos Humanos había logrado, en la élite del diez y nueve, carta de naturaleza. Pero no desde el punto de vista teórico, como sucedió en otras naciones del continente, sino desde el punto de vista práctico. En la tesis de Agramonte— en Las llamadas «Sabatinas»—, el Bayardo más tarde; el que como estudiante lee su trabajo en este ejercicio de la carrera de leyes; Agramonte, da como sentado que el hombre nace con derechos inalienables.

Estas fueron las palabras: «Estos derechos del individuo son inalienables e imprescriptibles, puesto que sin ellos no podrá llegar al cumplimiento de su destino; no puede renunciarlos, porque como ya he dicho, constituyen deberes respecto a Dios, y jamás se puede renunciar al cumplimiento de estos deberes". Así hablaba el estudiante que se graduó, mas tarde, de abogado.

Tan avanzada estaba la Doctrina de los Derechos Individuales entre la élite cubana que Agramonte es uno de los primeros en afirmar que se reciben de Dios; y tal vez nadie lo aventajó en señalar que comportan deberes con respecto a Dios, es decir, que su ejercicio es de obligatorio cumplimiento por el individuo; por ello.

Aquí yace el pensamiento a la insurrección que ha sido constante en el cubano cuando sus derechos individuales han sido marginados o violados. Y esto no es violencia, como torpemente se ha dicho por algunos, la insurrección, sino un recurso jurídico que brota del poner en práctica el uso de los derechos individuales; como se les llama, hoy en día: Humanos.

La soberanía, para el Bayardo, residía pues en el pueblo. Es el mismo concepto de Carlos Manuel de Céspedes, el Padre de la patria, al que por venganza los españoles le fusilaron un hijo, y que cuando le anunciaron que si no se rendía, si no deponía su grito de independencia le quitarían la vida al vástago, dejó esta frase lapidaria: «pero no puedo rendirme porque todos los cubanos son mis hijos».

Es el mismo pensamiento. Por eso hubo de cerrar Agramonte, de esta manera, uno de sus discursos: ¡Viva la soberanía del pueblo!

Y cuando un periódico, «El Times» de Nueva York nos atacaba, como nos ataca hoy el «New York Times» y otros rotativos, en una carta sublime escrita al periódico por un cubano, así le ripostaba a uno de los editoriales tendenciosos contra Cuba.

Así le ripostaba: «No es la victoria lo que pedimos aquí; no es tampoco una limosna. Es un derecho el que reclamamos, el derecho de pelear, el derecho de conquistar la independencia».

De esta manera los cubanos indicaban que Dios le había dado al ser humano otro derecho individual: el derecho de pelear, el derecho de conquistar la independencia.

Esto no es tampoco violencia. Esto es, como afirmo yo, un derecho. Conquistar la independencia es ser libre: libre en el sentido individual y con el ejercicio de la total soberanía de un pueblo, sin sujeción a naciones extranjeras; en este caso España.

A tanto llega el sentimiento jurídico del cubano que como se ha visto por estudiosos de las obra de Sanguily, es nuestro pueblo el pionero en descubrir el aspecto educativo de las constituciones. Porque la Constitución, como nos pone él de manifiesto, educa al pueblo en su derecho. Y así veía en el pueblo cubano a un ser que la conocía bien porque lo consideraba en el sentido político y en todos los sentidos uno de los más aguzados del globo.

Podría estar llenando páginas tras páginas hablando de ese sentimiento jurídico innato, nacido con cada cubano, con ese sentimiento de la justicia como derecho natural y del derecho como derecho natural que posee el cubano como individuo y el pueblo cubano como colectividad.

Ese sentimiento jurídico que siempre hizo que el pueblo cubano se sintiera una nación. Es muy necesario que diga aquí que el sentimiento de nación lleva en si una completa armazón jurídica. A la definición de Renán hay que añadir la estructura jurídica. El pueblo hebreo es el que mejor tipifica todo esto: sin un territorio— que no se necesita para ser nación— tenia una fábrica religiosa y jurídica, como se ve en el Viejo Testamento y otras obras. Por eso pudo resistir todos los terribles embates de la historia.

Y lo mismo el pueblo cubano. Lleva en el redaño de su ser una estructuración jurídica que la plasma en las constituciones que se da en sus movimientos independentista; que se da en 1868 y en 1895, y en otras ocasiones en su decursar histórico. Que nos da Maceo cuando el Zanjón.

Siempre las Constituciones, basadas en el Derecho Natural; como copias del Derecho Natural como base de la República. Siempre.

Partían los cubanos— y creo que se ha dicho antes— de la seguridad que formamos una nación. Y no un pueblo. Somos una nación con un pueblo de cualidades fuera de lo común; de grandes cualidades que no se encuentran fácilmente en otros conglomerados humanos. Hablaremos sobre el punto, más tarde, al analizar algunas de las doctrinas o ideas que se han sustentado contra el cubano. Nunca ninguna ha hecho más daño que la de Jorge Mañach, digamos mejor, el error de Jorge Mañach, que, comido por la desazón y el pesimismo, por el cauce que veía en la República, pensó de que «somos un pueblo y no una nación».

Respaldado por su autoridad algunos lo repiten, en el exilio, para encontrar el porque de los fracasos que tuvimos en una vida histórica.

Partían los cubanos, he de decir de nuevo, de la conciencia subjetiva de que éramos nación porque teníamos conciencia jurídica. La conciencia jurídica es el tránsito del pueblo a la nación; es lo que determina el destino común de que hablo Renán, el filosofo francés que mejor ha definido a la nación.

Porque no es la economía lo que determina la conciencia de nación. La economía no forma parte, no existe, en la formación de una nación. Hay pueblos sin economías, como los israelitas en el desierto, apoyados en la magra subsistencia, que son nación.

Es el derecho, sin embargo, una de las piedras angulares de la nación. Porque en cuanto el pueblo toma conciencia de que tiene un destino común y se convierte en nación, necesita la estructuración jurídica que brota, al unísono del mismo.

Las Constituciones cubanas, todas, son expresión de la nación, porque son consecuencia de la conciencia jurídica ya completa del pueblo cubano. Lo que niega, totalmente, la tesis destructiva de Jorge Mañach.

La Constitución de Maceo dándole estructura jurídica a la Protesta de Baraguá indica, una vez más, la existencia de la nación cubana broquelada por una honda conciencia jurídica.

No hacía falta que España reconociera, en el Pacto del Zanjón, la misma. La lucha épica de dos siglos por un destino común y la conciencia —valga la redundancia— de que ella sólo cabía dentro de la independencia, como señalara el Manifiesto de Montecristi, era suficiente.

La estructuración total de la República, sobre la norma jurídica, la van a dejar Martí y Máximo Gómez con el *Manifiesto de Montecristi* antes nombrado. Este manifiesto es el epítome de la Conciencia Jurídica del Pueblo Cubano— por eso recurro a la mayúscula—. Es la Super constitución.

Es decir, que en Cuba no existe sólo una Constitución sino que sobre ella está la Super constitución: el *Manifiesto de Montecristi*. En él se hallan los Principios Generales de Derecho que regirán la Conciencia Jurídica de la República y del Pueblo Cubano.

El centro del Manifiesto es «la dignidad plena del hombre». El hombre como pivote de la nación que Martí identifica con la República, ya que está, para él, nace de nuestras circunstancias. De aquí su crítica a las teorías puestas en práctica en los países Latinoamericanas importadas de otros sitios, críticas que se encuentran igualmente, en: *Nuestra América*.

Ello se une a la armonía de razas. Por ello Martí dedica tantos pensamientos al español y a nuestro hombre de color, al que hace, en igualdad con el blanco, pivote de la nación.

Se edifica, de la misma manera, la armonía entre el poder civil y el militar. Por eso, él redactó el Manifiesto como Civil y lo firmó con el General Máximo Gómez, que representaba a las fuerzas del Ejército y al que hubo de escribir aquella carta de: «General, no se gobierna una nación como se manda un campamento».

Se nos hizo «hombres» jurídicos y «hombres constitucionales» por los que formaron la nacionalidad cubana. Trabajando sobre el espíritu de Cuba. Nos inculcaron espíritu.

# LOS AMIGOS DE LA COSTA:
## EL RESCATE Y LA AVERSIÓN A LA AUTORIDAD.

Mostramos los cubanos una gran aversión a la autoridad que traspasa sus límites. Odiamos los uniformes. Somos nosotros los que hemos acuñada la frase de que: «todo hombre que se pone un uniforme es un esbirro».

Claro que esto no ha sucedido en Estados Unidos con el ejército, porque se trata de «civiles que se visten temporalmente con un uniforme». Nunca dejan de ser civiles aunque tengan una permanente carrera militar. Es una de las grandes conquistas de este país.

Pero odiamos la autoridad que se sale, conscientemente, de sus límites. El militar pundonoroso tiene todo nuestro respeto. Pero el que abusa del uniforme, el que trata de violar nuestros derechos, que no respeta nuestra dignidad humana, la dignidad humana en general, tiene todo nuestro repudio. Por eso las dictaduras en Cuba, militares, han chocado siempre con el gran sentimiento de respeto por la dignidad personal que tiene el cubano.

Y es natural que sea así. De esta manera fuimos hechos por la historia. Hay pocos países del mundo con una existencia tan trágica como la de Cuba, porque, como he explicado con anterioridad, en otros ensayos, los militares de plaza sitiada, y los voluntarios españoles, trataron de arrancar de raíz, nuestra nacionalidad. No ha habido un tiempo en la historia que no hayamos sentido el peso de la autoridad despótica, actuando ora físicamente ora con una violencia moral sobre lo cubano.

A los vegueros, que se rebelaron contra el estanco del tabaco, se les ahorcó. Por eso son protomártires de la libertad de Cuba. Cuando Aponte se rebela, su cabeza es expuesta para que sirva de escarmiento.

Cuando se conspira, España fusila y da garrote vil. Se mata sin piedad. Casi trescientos expedicionarios del Virginius fueron pasados por las armas. Tuvo que llamar a capítulo a los asesinos, el comandante de una fragata

40

inglesa, surta en el Puerto de Santiago, amenazando con bombardear la plaza, para que parara el asesinato que se llevaba a cabo.

No hay un potrero cubano donde no se haya fusilado, por las autoridades españolas a un patriota. Los tiempos de Tacón, Vives, O'Donnell, Concha, de tanto capitán español de plaza sitiada, son un infierno en nuestra isla.

Y ahora que hablamos de infierno, no olvidemos el que sufrió La Habana cuando el fusilamiento de los estudiantes. Son de las páginas más dantescas en la historia de la crueldad humana.

¿Y que decir de la Reconcentración, ese monstruoso genocidio llevado a cabo por Weyler, aquel enano de cuerpo y de alma, cuyo generalato eran sólo las plumas de su sombrero.

Cuba fue siempre un gigantesco campo de concentración. Me decía el historiador Dr. Fernando Fernández Escobio, que España ocupó a Cuba con 250,000 soldados. Más del doble de los existentes en todas las colonias españolas. Con ellos ejerció la represión brutal que todos conocemos.

Por eso, por ese abuso de la autoridad, por esas «razzias» del Conde de Valmaseda, donde los cuerpos de los campesinos y de los ahorcados adornaban, por tramos, el paisaje; por esos miles de muertos de hambre de la Reconcentración, por todo lo dicho, es que el cubano odia el despotismo y el uniforme, ya sea rayadillo, amarillo, azul o verde olivo.

La violencia, por lo tanto, es una constante de nuestra historia. La ejercida sobre nosotros, un pueblo sencillo, alegre; sensual; donde todo el mundo es «mi socio», «mi sangre». Donde no existe el rencor. Después de la dictadura de Machado se olvidaron todos los agravios, por lo que el periodista Aldo Baroni escribió un libro titulado: *Cuba, país de poca memoria*.

Había que ver al cubano un domingo en las playas populares: Guanabo, La Concha, o bailando en la Tropical y en la Polar, las dos grandes cervecerías, en sus jardines, para darse cuenta que era un pueblo abierto, sin odios, que quería vivir en paz, pero que en la Colonia no lo dejó la fuerza represiva del gobierno español ni la ávida burocracia española que acaparaba todos los puestos y no compartía nada con el criollo.

La violencia no nos dejaba en paz. Me escribe el historiador: Dr. Fernando Fernández Escobio, que ha publicado en el exilio dos tomos sobre las raíces cubanas que son clásicos, enviándome una lista de como tiene que vivir Cuba defendiendose de la perpetua violencia de Corsarios y Piratas. He aquí la lista, año por año, durante el siglo diez y siete que nos da un sumario de como eran aquellos días de difíciles para los cubanos:

## ATAQUES DE CORSARIOS Y PIRATAS.

1) El ataque y destrucción de la escuadra del Almirante Benavides, en 1628 en la bahía de Matanzas por el holandés Piet Heyn.
2) En 1652 los filibusteros ocupan Baracoa durante 12 días.
3) En 1652 el filibustero M. Le Vasseur ataca a San Juan de los Remedios
4) En 1662 el filibustero Mansvelt, con el francés Pedro Legrand, con patentes de corso portuguesas, destruyen Sancti Spíritus.
5) En 1667 Francisco Nau El Olonés pasa a cuchillo en Remedios a la tripulación de un barco que se había enviado para defender la ciudad.
6) En 1668 Henry Morgan destruye Puerto Príncipe
7) En 1672, los filibusteros atacan a Remedios y secuestran a 14 mujeres.
8) En 1675 los ingleses saquean a Trinidad
9) En 1678 el filibustero Franquesnay, con 800 hombres, ataca Santiago de Cuba pero fracasa.
10) En 1679 el filibustero Grammont, desembarcando en La Guanaja, ataca a Puerto Príncipe y fracasa dejando en el campo más de 50 muertos.

Todo esto, obsérvese, va creando la filosofía de la libertad de lo cubano. El cubano, es por esto que valora la libertad en toda su extensión. Que derrota a todas las tiranías. Que no ceja un día de pelear por la libertad.

Pero otro hecho que no se ha estudiado y que moldea el alma del cubano es el contrabando, del siglo diez y siete, con los llamados: «Hermanos de la Costa».

Se produce en el siglo diez y siete el fenómeno que se llama: «la marginización de Cuba de la carrera de Indias». Ello dio lugar al llamado Rescate o sea al comercio del contrabando con los Hermanos de la costa: con los bucaneros.

Esta marginización la produjo el hecho de la conquista del Continente que llevaba a cabo España, y el hecho de que se quedo sin marina. Ello dio, por resultado, que como sucedió en Puerto Rico— hubo períodos hasta de once años en Borinquen, en que no atracó al puerto ningún barco— Cuba quedara completamente aislada, y no recibiera mercancías o recursos del exterior. La única manera de subsistir fue el Rescate; el contrabando y por años casi infinitos.

Algunas veces el contrabando era tolerado por las autoridades pero en la mayoría de los casos, lo reprimían brutalmente, a pesar de que era el único medio de subsistencia, enfatizo, que tenía Cuba, para sobrevivir.

El Rescate creó un fuerte sentimiento de confraternidad y de apoyo mutuo entre los cubanos. Creo, además, un gran sentimiento de independencia. Y creó, así mismo, un repudio total hacia los militares.

Algunas ciudades, y explico este último punto, como Bayamo, vivían exclusivamente, del Rescate. El gobernador envió, una vez, un fuerte contingente de soldados españoles a cesar una operación de contrabando que se estaba llevando a cabo. Los bayameses le dieron a la tropa española una paliza de Padre y Señor Mío.

Este comercio de Rescate, alcanzaba grandes cifras. El Dr. Fernando Fernández Escobio, ya citado, me dice: «Marginada Cuba de la Carrera de Indias, facilitó el auge del comercio de contrabando. A los franceses, ingleses y portugueses que rescataban intensamente con Cuba al finalizar el siglo XVI, al iniciarse el siglo XVII se sumaron los holandeses. Al iniciarse el siglo XVII ya Cuba era un atractivo mercado para el comercio de rescate. Al terminar la primera década del siglo sólo los holandeses tenían mas de 20 navíos, con promedio de 200 toneladas cada barco. Las mercancías rescatadas por los holandeses, especialmente en cueros, ascendían a mas de 800 florines. El rescate de cueros era cual moneda circulante, para obtener ropas, vestidos, perfumes y artículos de lujo como seda etc.

Fue Bayamo el mayor centro de rescate de la Isla e histórica fue la intervención del Oidor Manso de Contreras.

Este comercio lo abarcaba todo, hasta el tabaco. Por eso se dictaron medidas para conocer la cantidad de tabaco que cada vega producía y se prohibió sembrarlo cerca de la costa.

En fin, —continúo con el Dr. Fernández Escobio— fueron tan intensas y profundas las actividades del comercio de rescate que el Rey Felipe III se vio obligado a promulgar la Real Célula de Indulto de fecha 24 de agosto de 1607».

Como se constata, el rechazo de la autoridad abusiva, el sentido de independencia, el sentido de cooperación del cubano, el apoyo mutuo en tiempos de crisis, están basados en razones históricas.

En razones históricas que explican, así mismo, el individualismo cubano: el hombre solo, subsistiendo, frente al medio; su estoicismo para soportar las más difíciles situaciones como la presente en la patria, y emerger triunfante. Y su sentido democrático, que lo ha llevado, siempre, a resistir a la autoridad despótica.

## LA TRISTEZA CUBANA.
## EL CARÁCTER CUBANO.
## EL TÉRMINO HABANERO.

No hay tristeza en el cubano. Y eso que las islas tienden a crearla porque son como pedazos de tierra flotando en el medio del mar y dan una sensación de aislamiento. Cuando uno veía, por Nipe, salir un carguero de azúcar, y diluirse en la línea del horizonte y morir lentamente la estela de espuma que iba dejando, y evaporarse en el aire el humo de las chimeneas, el espíritu se sentía como en soledad; y lo invadía a uno la tristeza que brota de ella.

El campo cubano era igual. Al caer la tarde el paso de las aves hacia los dormitorios, el cruce de la tojosa por los cielos que se iban cogiendo una aglomeración de nubes grisáceas, la espesa vegetación de la campiña cubana, las sabanas que se abrían hacia todos los horizontes, cubría a la isla, con una honda morriña. Sócrates Nolasco, un ensayista dominicano, al que conocí de estudiante en las tertulias de Guerrita, allá por la Gueruela, me hablaba de fuerzas telúricas. «Son las que producen la tristeza, Pepito».

Como el crecimiento de la isla fue lento—, las ciudades no adquirieron desarrollo, por lo tanto, a ritmo desorbitado, como San Francisco, debido al oro de Alaska—, el cubano sintió, aún más ese sentimiento de tristeza y de soledad. Pero, al mismo tiempo, esto unió a los escasos vecinos en un destino común y se fue así, formando inconscientemente, la idea de nación y de la patria.

Primero se manifestó el patronímico cubano en La Habana por ser el mayor emporio comercial de la isla. De ahí el término «habanero» que tan rápido se creó. «Habanero» quería decir, en realidad cubano. Cuando se lee sobre aquellos días, se tropieza vez tras vez, en los periódicos y gacetas de Europa o de Estados Unidos con esto: «el habanero fulano de tal»; «el habanero ciclano de tal». Aún no se dice: «el cubano». Pero ya la palabra, repito, «habanero» comprendía la totalidad de la nación. Comprendía «lo cubano» y el «ser cubano».

Una cosa es sentir la tristeza y otra cosa es ser un hombre triste. Y el cubano nunca fue un hombre triste. Pero si un hombre, como digo, en estos esbozos, que sintió la tristeza y la soledad, aunque el cubano no ha sido un hombre, jamas, comido por ellas. Una cosa es «sentir»; otra cosa es «ser».

Este sentir se acrecentó en todo el siglo de los Hermanos de la Costa, cuando la Colonia quedó a la deriva, como quien dice, y sus habitantes, para subsistir tuvieron que recurrir al contrabando. Ello aumentó el sentimiento de solidaridad que Renán, el gran francés —¡qué lástima haber perdido la fe!— llamó: «el destino común».

Pero hay otro tipo de tristeza que inundaba a muchas secciones de La Habana: es la que se desprendía de sus viejas piedras y soportarles. Como cuando dejamos a Cuba el sistema de iluminación no había llegado a los perfeccionamientos de hoy en día, por la noche, los soportales, por ejemplo, de Reina, a mitad de camino hacia Belascoaín, las calles del casco antiguo: los Angeles, Esperanza... las avenidas del mismo: Zulueta, se llenaban de esa tristeza cargada de historia.

«Las piedras hablan», se dice, refiriéndose a la historia. Y es verdad. Yo he tenido la experiencia en México; en las ruinas mayas de Chichén Itzá, y en Mérida Yucatán y en Guatemala surge de la tierra la misma tristeza de los aztecas vencidos éstos por el destino que estaba escrito en sus libros, y por la destrucción de su cultura que produjo el choque terrible con la modernidad renacentista de España.

Y no se quedan atrás las piedras cubanas: parlan. Y esa tristeza que he mentado nos transformó en más acogedores, porque nos suavizó el carácter; nos hizo más hermanos; nos hizo más cosmopolita. Nos permitió ser hombres que miran al universo. Porque el cubano, uno de los pueblos más acogedores del mundo, lo ha logrado por la suavidad de su trato moldeado por la tristeza y soledad referida; por la amplitud de las sabanas; y por abrirse la isla, en mares azules y esmeraldas, hacia el infinito y permitir que no nos enclaustrara ni la tristeza ni la soledad que ella lleva en sí.

Claro que hay mucho que añadir. He dicho que estos son apuntes, esbozos para ver como nació lo cubano; como se creó lo cubano, poco a poco. Que nos hizo cubanos. La filosofía de lo cubano.

Si la tristeza y la soledad mentadas fueron suavizándonos, uniéndonos, haciéndonos más hospitalarios y la última, durante el siglo de los Hermanos de la Costa, donde quedamos como un pedazo de tierra sola, de la que he hablado, flotando en el mar, entre lo desconocido, nos dio el sentimiento de solidaridad humana y de apoyo mutuo que a la nación ayudó a forjar así como el destino común.

Nos hizo parte de una comunidad. Los cubanos somos la cubanidad. En cada uno hay el sentimiento que llega hasta los redaños; de ser constructor de la patria. La patria esta en la cúpula y nosotros constituimos los obreros diligentes, en el hoy, que continuamos la obra del ayer. Porque la patria no es un concepto estático sino que se hace continuamente. La patria es un continuo hacer.

Los cubanos somos parte de un mismo pan de comunión que es la patria cubana. Estamos hecho de lo cubano, y cada día, cada uno de nosotros, es la voluntad de la patria. La patria: la sublimación de la nación. Cada uno de nosotros se mueve para afianzar contra los totalitarismos, contra el comunismo, el ideal democrático de nuestra patria. Ese que nació de la unión que remachó la tristeza, la soledad; esas que se vertían sobre la patria en enorme ola cuando recibíamos, para subsistir, a los Amigos de la Costa.

Trabajamos, cada uno de nosotros por la Comunidad de la patria. Y no estamos solos: al lado de cada cubano hay otro cubano. Unos llevamos a cabo grandes tareas al parecer; otros compatriotas, más pequeñas. Pero todas son iguales, las tareas, porque todas son la que la patria nos ha encomendado. Sin la tarea común, sin la tarea del destino común que nos une, la patria no sería eterna; no sería la invencible Cuba Eterna.

La Cuba Eterna, con su meollo; lo cubano, es de todos. Todos compartimos de lo cubano; todos somos partes iguales de la Cuba Eterna; ella vive en todos nosotros en su totalidad y en cada uno de nosotros en comunidad. En esa comunidad de que hablaba Martí, el Apóstol imperecedero cuando nos dice lo que es patria, cuando nos la define.

La Cuba Eterna es nuestra comunión: sus jugos que son lo cubano. Todos somos ella. Esta indivisible y eterna en lo cubano y en cada cubano.

# EL CUBANO Y LA IDEA DEL PROGRESO. SU MODERNIDAD

C uando salimos de Cuba buscando libertad y derrotar al tirano para volver a ella, los cubanos repetimos de nuevo la hazaña que habían llevado a cabo los mambises: volvimos a triunfar, todos, unos más, unos menos, pero siempre alcanzando altas metas, como lo había hecho la Emigración Heroica del noventa y cinco.

Ese ensayista, fuera de lo común, que es el mejicano y Premio Nobel: Octavio Paz, escribió un día, y lo tengo ahí entre mis papeles, pues se publicó en España, que los cubanos éramos hombres modernos al salir de Cuba y que, por lo tanto, al llegar a un país como los Estados Unidos no nos había costado ningún trabajo adaptarnos al mismo.

Tan modernos que cuando nos ausentamos, en lo que pensábamos sólo por un tiempo, de la patria, ésta se encontraba a la cabeza de América Latina y entre los primeros países del globo. Ahí están las estadísticas que no mienten.

Si el Exilio Histórico ha sido reconocido como la Emigración que más rápidamente ha triunfado en Estados Unidos, todo ello se debe a una serie de factores históricos; a lo cubano. A ese ingrediente del cubano.

Ese ingrediente que ayer permitió construir ciudades, algunas hechas, por nuestros hermanos de la Emigración Heroica, desde los cimientos, y en el hoy elevar a una Miami moribunda a la meta de las grandes orbes comerciales del mundo, se debe a los factores históricos que conformaron el alma del cubano; que hicieron lo cubano.

En primer lugar, en Cuba, desde que empieza la colonización, la isla se abre al mundo desconocido. En Santiago de Cuba se prepara la expedición que va a partir, llevando inclusive, como cargadores a indios cubanos; que va a construir el gran Imperio Español. La conquista de Méjico es la obra cumbre de la que arranca el poderío enorme de lo que va a ser el Imperio en el que no se pone el sol.

La expedición para Méjico, como la que se hizo a la Florida, como la que descubrió el Missisipi, río en que fue enterrado Hernando de Soto, salió, de La Habana. De los dos extremos, del Oriente y del Occidente Cuba se abre al mundo.

La visión de esa aguerrida tropa de conquistadores, cuyas noticias llegan a Cuba y pasman por el valor de aquellos hombres, caminando las sabanas que se abren a los cuatro puntos cardinales en la Florida; mirando el horizonte sin límite del Mississipí; incapaces de atisbar la otra orilla; recorre la isla de boca en boca.

Y lo mismo pasa con Méjico: desde Cuba se ha conquistado al Imperio Azteca. Y lo ha hecho un puñadito de seres humanas. Hasta las piedras hablan de la Noche Triste; del resurgimiento de los hombres de Cortés; de los hechos de antaño. Con la conquista de Méjico y de la Florida, con el descubrimiento del Misisipí, hecha por la «gente de Cuba» no importa que sean españoles, se abre el cubano, aunque está en proceso de formación, hacia la Modernidad.

Aunque se esté formando. Pero se encuentra como los niños, que aún en el vientre materno reciben impresiones, que en el día del mañana pesarán, decisivamente, en sus vidas.

Desde que el primer español se avecinó en Cuba comienza a formarse la nacionalidad cubana.

Y esa incipiente nacionalidad siempre oirá de la derrota de los aztecas a manos de Cortés y su gente; y de la derrota de Pánfilo de Narváez. Oirá que la expedición partió de Cuba. Cuba será, así, una plataforma de lanzamiento que engendró un Imperio: el español.

Véase, por un momento, al panameño: sus características son muy parecidas a las del cubano, en el habla; en el desenfado; en la música. Pues bien, Panamá, aunque no es una isla, fue punto de partidas de innumerables expediciones como la de Pizarro. Por eso, en el carácter el panameño y en otras cosas guarda similitud con el cubano.

Por lo tanto, en el momento en que el aislamiento es característica del Continente recién descubierto, las expediciones conllevan la modernidad. Son modernas en el sentido que el sentimiento renacentista de la vida, en muchas áreas, combinado con la religiosidad española, va con ellas. Son modernas porque abren el mundo. Cesan el aislamiento. Porque son hechas por hombres renacentistas.

Pero en Cuba hay mucho más: hay el hecho de que las maderas preciosas de la Isla forman parte de la construcción del Escorial. En un mundo aislado estas cosas mentadas tienen una enorme significación porque expanden el horizonte. El habitante de Cuba se siente solidario de una empresa universal y moderna. Porque la conquista y colonización, pese a lo que digan sus detractores, casi siempre interesados, es una obra renacentista y moderna.

Pero en Cuba hay mucho más: hay la flota. Hay la larga estadía de la flota de todos los puntos de América, con nacionales de todas las provincias de España y hasta extranjeros. De estas flotas surgió, como he dicho en otros ensayos, la picardía cubana y el lenguaje popular; surgió la metáfora del mismo. Y de estas flotas surge, igualmente, el considerar el cubano al mundo un campo abierto. La Isla no es un coto cerrado. Forma parte de la aventura; de lo moderno.

Pero hay otro hecho que cambia por completo la historia de Cuba y es «La toma de La Habana por los ingleses». Los cubanos se ven, de pronto, en comunicación con un pueblo pragmático que se mueve, rápidamente, hacia la industrialización, porque si se estudia la historia social y comercial de Inglaterra, sobre todo a Trevylyan, encontramos que mucho antes de que produjeran los inventos que hacen de la Revolución Industrial un organismo que crece a todo tren, como expresan las novelas de Dickens, en los pequeños condados comenzaba una artesanía llena de invectiva que presagiaba la gran eclosión de la Revolución Industrial. Cuba se beneficia de la modernidad inglesa.

Contra esto no puede la tristeza telúrica que explicamos en un ensayo ni el aislamiento del siglo de los Hermanos de la Costa. Cuba forma, parte del mundo. Cuba es una Isla que mira al mundo. Cuba es una Isla desde la que se conquista al mundo.

Y llega el siglo diez y nueve en que Cuba, que como veremos al analizarlo, es uno de los grandes puntos creadores del universo. Cuba posee en esta centuria una intelectualidad que se puede comparar con la más alta del globo. Cuba posee un Obispo, Espada, que es un hombre de una modernidad absoluta. Hasta pasa por su cabeza, al decir del historiador: del Valle, la independencia de Cuba. Cuba posee, en la tertulia de Domingo del Monte, un centro de irradiación cultural, de esos que hacen naciones, que con otras dos instituciones: el «Seminario de San Carlos» y el Colegio «El Salvador» moldean definitivamente la nacionalidad cubana. Y completan «lo cubano»: el ingrediente filosófico de que estamos hechos los cubanos.

Cuba posee en este siglo XIX una intelectualidad que está en íntimo contacto con la Universal como demuestra en sus escritos y en sus actuaciones. Y la famosa Polémica Filosófica. De todo esto hablaré.

Estos hombres viajan continuamente a Estados Unidos y a Europa y se ponen en contacto con lo más florido de las ideas que en ambos sitios surgen.

Si se hace un estudio completo de los viajes de los cubanos a Estados Unidos y a Europa nos quedaremos maravillados. Yo he tenido el infinito gusto de ver la lista de los pasajeros de los vapores y de los huéspedes de los hoteles en New Orleans, y admirar la cantidad de gente que salía de Cuba y se ponía en contacto con esta enorme civilización, entonces en formación, y de la vitalidad que pinta Whitman en su poesía y en su prosa. Por cierto que en esta última hay un pasaje donde el gran bardo nos dice que pronto Cuba iba a ser parte de los Estados Unidos.

Volviendo a la lista de que hablo arriba, quiero señalar que el movimiento de viajeros en los vapores y en los hoteles era siempre recogidos por los periódicos de la época. Así ustedes pueden ver cuando Narciso López llegó a New Orleans y donde se hospedó, por ejemplo.

Los viajeros, como Luz y Caballero visitaban las librerías más famosas de aquel entonces y e volvían a Cuba no sólo con las ideas sino con las publicaciones que las contenían.

Este afán por lo moderno, de estos intelectuales cubanos del siglo XIX, es parte de la formación del alma nacional cubana. De lo cubano. Es un capítulo de la filosofía de lo cubano.

Por eso, cuando Raimundo Cabrera tiene que apelar a escribir un libro: *Cuba y sus jueces*, para contestar a un tal Paco que denostaba a los cubanos, como tratan hoy cipayos y resentidos para ablandar al cubano y hacerlo presa de las ambiciones de extranjeros— me refiero al presente—, cita las publicaciones extranjeras que se podían obtener en La Habana procedentes de todos los países.

La escuela pública de la República; los dos planes de bachillerato: el de Varona y el de Remos; la enseñanza privada, religiosa y laica; las escuelas técnicas del estado cubano; los éxitos de la clase empresarial ora en laboratorios ora en las industrias del azúcar; del calzado; del tabaco; de los refrescos, en fin el progreso enorme que acometía a todo el país cuando la cáfila de asesinos y rufianes lo asaltó y sembró el hambre y la miseria y lo puso en la más baja escala del tercer mundo, es consecuencia de este devenir histórico que hemos señalado.

El siglo diez y nueve cubano contempla, igualmente, el crecimiento de una clase empresarial, de una modernidad que rompe su molde. La introducción de todo tipo de técnicas nuevas en los ingenios para hacerlos intensamente productivos; la construcción del primer ferrocarril en Cuba,

50

mucho antes de que lo tuviera España; la creación del Colonato, una de las instituciones que más hizo avanzar a la industria, idea del Conde de Pozo Dulce, muestran que Cuba es una nación moderna. Y que llegó en este siglo a ser la azucarera del mundo y uno de las naciones más ricas de la tierra, por ese modernismo de sus hijos; por ese estar abierta a los cuatro puntos cardinales.

De la modernidad cubana en este siglo XIX no sólo trata Saco, adentrándose en todas las áreas, desde la industrial a la social, sino también Arango y Parreño y Martínez de Pinillos, Conde de Villanueva, Intendente de Hacienda, cubano y enemigo acérrimo de Saco— intervino decisivamente en su destierro—. Todos enseñan el genio de la modernidad cubana.

Arango y Parreño fue un estadista de primera magnitud como de todos es sabido y un diplomático consumado.

Toda esta eclosión de la modernidad cubana se lleva a cabo defendiéndose de uno de los regímenes más opresivos que a conocido pueblo alguno: el establecido por España en Cuba. El gran patriota e intelectual puertorriqueño, Eugenio María de Hostos, a quien mi generación leyó muchas veces desde su ensayo sobre Hamlet, uno de los más completos que se conocen a su «Moral social», escribió un ensayo sobre la violencia moral que España descargó sobre Cuba: La de los capitanes generales de Plaza sitiada. La que utilizo como armas: la esclavitud: el juego; la vagancia. ¡Horrible!

La otra, la violencia física la hubo en extremos: la cantidad de fusilados en Cuba por el gobierno Español es cosa aterradora. El fusilamiento de los estudiantes es una de las páginas mas crueles en la historia de la humanidad.

Hace poco se publicó por un compatriota exiliado una crónica de aquellos días históricos del fusilamiento, y es algo inaudito: a donde llega el odio y la crueldad humana contra una nacionalidad.

Porque, con la violencia moral y física utilizadas así mismo cuando la «Conspiración de la Escalera», se trató de destruir la nacionalidad cubana. El genocidio no sólo era material sino espiritual.

Pero lo cubano pudo más que todas las represiones; venció al despotismo y ha dejado ver al mundo en la Guerra de Independencia, y ahora en la Guerra por la Segunda Independencia, el temple eterno de que está hecha Cuba. La Cuba eterna.

# LA FILOSOFÍA DE LA IGUALDAD DE LO CUBANO EN EL SIGLO DIEZ Y NUEVE.

En el siglo diez y nueve la filosofía de lo cubano y por lo tanto la nacionalidad, cuaja casi por completo. Necesitaba el toque final de Martí. Y comienza la lucha entre el Reformismo y el Independentismo que llevará a las acibaradas cartas de Saco sobre el levantamiento del 68. Y su señalamiento de que la contienda conducía a la destrucción de la élite cubana que debía, entendía él, ser preservada a todo trapo.

En esto tenía razón, porque casi toda la élite cubana creada en el Seminario de San Carlos y en el Salvador fue barrida en la lucha independentista y el vacío de liderato que quedó después, así como la imposición norteamericana de Estrada Palma — fue un anexionista consumado—, como la monstruosidad de la Enmienda Platt llevó a la inestabilidad política cubana que con otras causas: malversación y continuismo condujo al comunismo.

Pero los pueblos, como señaló Hortensia Ruiz del Vizo en un artículo publicado en el «Diario las Américas», hace varios años, no pueden vivir sin gesta. Además, Cuba había nacido en la heroicidad: había sido plataforma de lanzamiento de la conquista de Méjico; sus vegueros habían sido colgados por levantarse contra el estanco del tabaco; su primer monumento literaria es una lucha en que el negro Salvador, un cubano, le corta la cabeza al pirata Girón; los esclavos del Cobre pelearon un siglo por ser libres; Aponte dio su vida buscando libertad; la Toma de La Habana por los Ingleses vio ejemplos de heroicidad de parte de los cubanos...

Para que seguir citando. Toda la historia de Cuba es una pura gesta. El cubano tuvo que vivir, perennemente, en ella. No por casualidad, ya en el siglo diez y seis La Habana fue fortificada para defenderla de los ataques de corsarios y piratas. Desde entonces, el pueblo de Cuba no ha dejado de batallar para vivir en libertad.

En el siglo, XIX desde la tertulia de Domingo del Monte, que es uno de los grandes centros culturales de América Hispana en Cuba el que hace cuajar casi definitivamente la nación —faltaba aún Martí—, se producen, en este sentido, varios acontecimientos importantísimos.

Entre ellos es de los más significativos, en la historia cubana: la compra de la libertad del poeta negro Manzano. Digo que es de los más significativos, porque indica que ya, en el siglo diez y nueve se ha completado en Cuba, la igualdad humana; la igualdad entre el negro, incluyendo el esclavo y los demás cubanos, aunque constituyan la élite de la sociedad, como sucede en el caso de Domingo del Monte y sus demás contertulios.

Ello rompe con el miedo que se propagaba por los grandes esclavistas de una insurrección negra, cuyo único objeto, la difusión del pavor, era una artimaña para mantener la esclavitud.

La compra de la libertad de Manzano, poeta natural, al incorporarlo a la tertulia de Del Monte, al difundir sus escritos entre la intelectualidad del momento y otras áreas, al llevarlo a la Literatura cubana, donde el cubano plasmó desde el inicio de la misma, lo cubano, y el hecho de que Cuba era casi nación se unen a otro decisivo en la historia de Cuba; en la historia de la filosofía de lo cubano; en la historia de la nación cubana: la creación de las primeras novelas antiesclavistas y abolicionistas en la trayectoria de la Literatura Hispanoamericana.

«La filosofía de la igualdad racial» es la que las mueve. Domingo del Monte— aunque tuviera el algunos esclavos— es el que impulsa, desde su tertulia, esta filosofía de la igualdad entre las razas. Esa filosofía por la que el negro deja de ser «etiope», como se le venía considerando entonces en Cuba, y entra en la categoría de «cubano». Igual que el blanco; con los mismos derechos.

Si vamos a las obras de Arango y Parreño, vemos que todavía, el hombre de color no ha alcanzado la categoría de cubano, en los ojos de muchos de sus contemporáneos. Arango y Parreño, a pesar de que, muestra una gran simpatía para los sufrimientos de los esclavos, los llama «etiopes». Y eso que ya existía una clase de negros libres que se iba ocupando, poco a poco, de los trabajos de sastre, de músico etc, y que muchos de los descendientes de esclavos ocupaban cargos, hasta en las milicias. Estos, sin embargo, no estaban mezclados con los blancos, pues existían dentro de la milicia, agrupaciones especiales de los mismos.

Contra esta segregación rompe la «filosofía de la igualdad» de Domingo del Monte y los miembros de su tertulia.

Estas novelas antiesclavistas, abolicionistas son: *Francisco o las Delicias del campo*, de Anselmo Suárez y Romero y *Petronio y Rosalía* de Tanco.

Las obras que se entregarán al delegado inglés en Cuba, Mr. Madden de la «Comisión Mixta», cuya misión es vigilar que España suprima «la trata» no son pura ficción sino, como se ha señalado por muchos, copias al carbón de la realidad. El sistema esclavista aparece en ellas con toda su enorme crueldad; con todo su pus y sus miserias.

Y ello es zapata fundamental de «la filosofía de la igualdad», que la tertulia del Monte difunde; Ella busca la creación completa de la nación, al integrar a blancos y negros en un destino común; a hombres libres y esclavos. Y se hace chocando con la clase de los propietarios de ingenios; con los dueños de la riqueza y con el poder español, como O'Donnell, el Capitán General de plaza sitiada (Cuba), uno de los más corruptos gobernadores que tuvo nuestra tierra. Y que se enriqueció, en contubernio con los negreros, los infames tratantes de esclavos para la industria azucarera; con la trata clandestina. Como Vives y otros.

«Esta filosofía de la igualdad cubana», que sustenta Domingo del Monte y sus contertulios y amigos, es la que explica la falsa «Conspiración de la Escalera».

La «Conspiración de la Escalera», urdida por la mente maquiavélica de O'Donnell tuvo grandes consecuencias: una fue el atemorizar a los compinches en el pingue negocio de la trata clandestina, para que aumentaran lo que pagaban por cada esclavo que se introducía, clandestinamente en Cuba; lo que pagaban al Gobernador.

Pero la más importante fue destrozar a la nacionalidad cubana. Este siempre fue el objetivo de Dionisio Vives, por ejemplo: por eso ejerció la fuerza y la corruptela moral. Decía que el gobernaba a Cuba con las tres B: «Baraja, Botella, y Bolita».

Fue el de Tacón. Pero la violencia nunca llegó a grados tan altos como cuando O'Donnell. Leopoldo de O'Donnell concibió La Conspiración de la Escalera, escúchenlo de nuevo, como un instrumento de amedrantamiento de los dueños de los ingenios, pero al mismo tiempo como forma de destruir a los negros libres; de aniquilar a la clase pensante cubana; y de hacer cizco a la unión entre cubanos y negros; hacer polvo a la filosofía de la igualdad cubana. Delmonte tuvo que exilarse y murió en el exilio.

No logra, como es natural, destruir a la Cuba Eterna, que acaba de forjarse, de cuajar casi definitivamente, pero si dispersa a la intelectualidad. Amedrenta a los dueños de ingenios y de esclavos; a la gente rica cubana y merma de forma considerable a la incipiente burguesía negra que va surgiendo. La que nunca se recuperará del golpe de O'Donnell.

Pero, sin embargo, refuerza «la filosofía de la igualdad» que predicaba Domingo del Monte, porque «La Conspiración de la Escalera»— y ello no creo que se haya estudiado profundamente— conduce a la Guerra del 1868 y a la completa igualdad de negros y blancos. Esto nos lleva a algunas consideraciones sobre «la descriminación racial» en Cuba, durante la época republicana. Este tema ha sido completamente distorsionado por los enemigos de Cuba, esa plaga de infames que nos invade, y cuyos libros publicados durante el exilio han tenido sólo un fin: ablandar el carácter cubano— cosa, por otro lado estúpida pues no lo lograrán— y servir a los amos que los aplauden en Estados Unidos.

# LA FILOSOFÍA DE LO CUBANO
# Y LA DESCRIMINACIÓN RACIAL

Hemos dicho que de la tertulia de Domingo del Monte, en el siglo diez y nueve, surgieron los libros que tuvieron un tremendo impacto en la lucha contra la esclavitud, surgió «la filosofía de la igualdad», uno de cuyos hechos más sobresalientes es la compra de la libertad del esclavo Manzano.

Esta filosofía lleva a la igualdad y al «equilibrio de razas», que fue la de la República cubana.

La llamada «Guerrita de los negros», de Estenoz e Ivonet no es más que un incidente en esta «filosofía del equilibrio de razas» de la República. Digo incidente, porque el levantamiento de Estenoz e Ivonet, no tuvo, en realidad una profunda motivación de odio racial de los negros hacia los blancos; ni de odio de los negros hacia los blancos por las injurias recibidas durante la esclavitud. Tuvo motivaciones políticas. Fue, en verdad, la ambición de los líderes, que a destiempo escogieron un camino que le cerraban los propios negros— decimos en Cuba, «hombres de color». Los hombres de color se oponían a la guerra y no la secundaron. Fue uno de los hombres de color más brillante que ha dado Cuba en la República, el senador Morúa Delgado, el que redactó una ley, que se aprobó, prohibiendo los partidos políticos basados en razas; en el color de la piel. Morúa sabía a las alturas que el negro había llegado en Cuba.

Pensemos por un momento lo que sigue: «Cuando la Guerra del 68 comienza, Carlos Manuel de Céspedes, liberta a sus esclavos y lo mismo hacen los hombres que con él forman el núcleo que da el grito de independencia. Declara libre a todos los esclavos que se unan al ejército libertador. Y si bien es verdad que no proclama la abolición total de la esclavitud sino por grados para no ahogar el Movimiento Independentista, está claro que la intención es terminante: terminar con el horror de la esclavitud. Y la libertad de los esclavos del ejército mambí la tuvo que aceptar España en el Pacto del Zanjón.

Hasta ese momento, los hombres de color en Cuba son esclavos aunque existen muchos libres, manumitidos o que han comprado la libertad. Pero casi la totalidad de los negros son esclavos, aunque exista una pequeña burguesía en oficios muy pocos remunerados, porque O'Donnell la ha cortado de un tajo, con la Conspiración de la Escalera.

Rápidamente, en la Guerra del 68 se elevan los hombres de color al generalato, al unísono de los blancos, y las filas del ejército libertador se nutren de hombres de color que, en muchos casos, en muchos contingentes, son más que los hombres blancos.

Rápidamente los hombres de color se colocan al par de los blancos en la lucha por la independencia y se convierten en héroes venerados de la patria. Si existe un Apóstol, un Martí tiene a la par un Maceo.

Maceo no es un cualquiera. Los cubanos le llamamos «el Titán de Bronce». Porque es un patricio. Es un carácter de mármol y de hierro. Es una voluntad de acero. Su inteligencia es privilegiada. Su competencia como militar está en la cúspide. Sus cartas, se pueden comparar, y esto no es exageración, con la de cualquier patricio romano. Maceo es un Graco y es un Cicerón. Pero si Cicerón es en muchas facetas, el avinegra de pico de oro, Maceo es un hombre sin mácula.

Martí, en 1895 es el que ha unido a los cubanos, es el que da la orden de la fecha del levantamiento. ¿Con quién está en comunicación en Cuba para el levantamiento? Con un mulato de una intelectualidad de Himalaya y con una honradez acrisolada: con Juan Gualberto Gómez. Hijo de esclavos.

Así que en la Guerra el hombre de color es igual que el blanco y llena la patria de figuras a seguir, de héroes: Bartolomé Masó; Guillermón Moncada; los hermanos de Maceo; Quintín Banderas...

La madre de los Maceo, una mulata, se convierte en la Madre de todos los cubanos. Personifica la grandeza de la mujer cubana. Personifica sus virtudes y su coraje. Y nadie trata de ponerle a la par una heroína blanca. Jamás se produce tal cosa en Cuba. Es ella, la Madre de todos nosotros.

El Apóstol de la Independencia, José Martí, continúa la doctrina de lo cubano, la filosofía de lo cubano, de la «igualdad racial». Martí dirá: «no hay odio de razas porque no hay razas». Y hablará de lo cubano, al que pondrá por encima de todo color de la piel. No hay color de la piel hay sólo «el cubano» con «lo cubano».

El hombre de color, por lo tanto, en la Guerra de Independencia se halla a la altura del blanco cubano, y con él es el artífice de la libertad. El ejército independentista está formado por hombre de color en la misma proporción que los blancos. Algunas veces, en mayor proporción. Y tiene una enorme influencia militar, el negro.

De no haberse producido la invasión estadounidense con su secuela de la Emmienda Platt, el destino de los hombres de color en Cuba, de los cubanos de color, que habían salido de la esclavitud para llegar con su sacrificio a los altos puestos de la patria, a legar su heroicidad a la misma, hubiera sido distinto. Bartolomé Masó, presidente de las República en Armas hubiese sido el presidente de la República libre. No, el impuesto: Estrada Palma.

Porque la invasión norteamericana, totalmente injustificada, ya que España estaba vencida, tuvo varias secuelas, como la imposición de Estrada Palma que trató con desdén a los hombres del ejército libertador. Con desdén. Entre ellos al general heroico: Quintín Banderas, al que más tarde en una querella intestina se le asesinó a machetazos mientras dormía. No tenían los asesinos coraje para enfrentar la mirada del héroe epónimo. Cómo la llegada al poder de los Autonomistas, punto que no se ha estudiado en Cuba y que igualmente, ignoraron en forma absoluta a los hombres de la manigua en la República Libre (Preparo un libro sobre el punto) fue fatal para el progreso del hombre de color. La intelectualidad autonomista (Todos eran intelectuales con ligeras excepciones), ignoró a todos los hombres de color comenzando por los del Ejército Libertador. El daño hecho por el Autonomismo a Cuba no ha sido investigado aún, pero es de enormes proporciones. Las grandes facultades intelectuales de sus Líderes han fascinado a los investigadores y han ocultado el descalabro que la República sufrió con ellos.

Pero la secuela más importante de la intervención norteamericana ha sido «el licenciamiento del ejército libertador».

Desde un principio, el desmontar este ejército estuvo en la cabeza de los políticos y del alto mando de las fuerzas armadas estadounidense. Por eso es que fue despreciado por el ejército norteamericano. Con bromas y otro tipo de conducta se le trató de desmeritar. Luego se le impidió entrar en Santiago de Cuba a Calixto García. Y para poder, Máximo Gómez, mostrar que Cuba era la que había ganado la guerra, y no el ejército norteamericano, se vio obligado a «licenciar al ejército libertador», licenciamiento que le costó la deposición por la Asamblea del Cerro. En ésta, en su interhistoria, en esa que se no ve, lo que se debatió fue, más que el problema del pago, de la llamada «indemnización», fue el hecho de que la República quedaba acéfala, a merced del poderío norteamericano, con el licenciamiento.

Pero Máximo Gómez entró triunfante en La Habana y se tuvo la sensación por el pueblo de Cuba, aunque sea por unos minutos, que era el vencedor. Se ha dicho que, además de lo del licenciamiento, Máximo Gómez se vio obligado a apoyar a Estrada Palma, un anexionista como demuestra Shelton en su historia, y un protegido norteamericano, en contra de Bartolomé Masó.

El ejército mambí fue reducido, por la indemnización, a la indigencia. Y los hombres de color que eran el cincuenta por ciento del mismo, se vieron con una mano delante y otra atrás, como se dice vulgarmente. Estaban aplastados económicamente y sin oportunidades políticas.

El gran problema del hombre de color en Cuba ha sido pues el económico que mermó, en forma brutal, su oportunidad de ascender en la escala social y educacional cubana. La mayoría de los soldados habían pasado de la esclavitud al ejército mambí. No sabían ni leer ni escribir. Fueron después, trabajadores de la caña, sin oficio que les permitiera ganarse la vida.

Así y todo, como Cuba posee un hombre de color con una inteligencia prodigiosa y de una modernidad total, fue subiendo rápidamente, en la escalera nacional: ocupó los más altos puestos: ministro; senador; jefe de la policía; del ejército; magistrado; juez. Cuba fue la única República del Continente, de habla hispana, que tuvo un Secretario de Estado— ministro de estado — de color.

En las profesiones, los éxitos de los hombres de color eran impresionantes. Yo recuerdo que en la Víbora, pegado a mi casa vivía, García Marrúz, uno de los mejores ginecólogos que ha dado Cuba. Ramón Vasconcelos, senador de la República, fue, en el periodismo, de los más grandes que ha conocido Cuba y el habla hispana. Está entre los primeros «polemistas» cubanos de todos los tiempos.

En la Escuela Normal de maestros de La Habana, un setenta por ciento de los alumnos eran mujeres de color. Y lo mismo pasaba en las otras de la isla. La enseñanza primaria, en las escuelas públicas de la República, cuya calidad creó unas generaciones de cubanos progresistas que fueron artífices, con las de las escuelas privadas, del auge de la República Cubana, a la cabeza, en progreso, de América, en un setenta por ciento estaba en manos, igualmente, de maestros de la raza de color; sobre todo mujeres.

Había innumerables familias de color de fama reconocida que por dos o tres generaciones se dedicaron al magisterio.

Las sociedades mutualistas negras, culturales, de recreo formaban un entarimado que era orgullo de la República. Algunas con balnearios privados en la playa de Guanabo, una de las mejores de Cuba. Una sociedad de color: El Club Atenas fue de las más importantes sociedades culturales de todos los tiempos en Cuba. Ser llamado a su tribuna era un honor que no muchos alcanzaban. Había que pertenecer a la cumbre de la intelectualidad cubana: blanca, o de color.

La filosofía de la igualdad de Delmonte y de Martí funcionó sin respiro, en la República. El negro fue siempre parte del alma nacional. La pareja folklórica estuvo formada por el negro y el gallego, no para despretigiar al negro. En el teatro siempre «el negrito» era prototipo de la «picardía cubana» y siempre, a la larga, era más astuto que «el gallego», el blanco.

En la música, el negro cubano, junto al blanco, ha sido el creador de la música cubana, que es, como la cultura cubana, una de espíritu: afrocubano.

La figura del negro dio lugar en Cuba, en los años veinte, a lo que Hortensia Ruiz del Vizo llamó la «Primera Escuela de Poesía Negra». Esta poesía negra floreció, llegando, tal vez, a más altas cumbres que a la de «Primera Escuela», en el Exilio. Hortensia Ruiz del Vizo la ha llamado: «La Segunda Escuela de Literatura Negra» a la del Exilio.

Es incierto que la Primera Escuela de Literatura Negra a la que pertenecen Alfonso Camín, y Nicolás Guillén y Arozamena, y Tallet, y Gómez Kent, Kent y otros haya tenido como meta la reivindicación de los derechos del negro.

Con excepción de Guillén, cuya idiología comunista lo hizo llevar el verso, muchas veces, en la dirección política poniendo, por ejemplo, al soldado, como hermano del cubano y pidiéndole no reprimiera al pueblo, para fusilarlo, lo que hicieron en cuanto llegaron al poder los comunistas, olvidándose de la igualdad, la poesía negra cubana, se dedicó a cantar al negro, como parte del ser cubano. El mismo Guillén que tiene un poema como «Saba», social, escribió otro: «Mis dos abuelos» en que se pinta la africanidad del espíritu cubano. La poesía negra, social, reivindicatoria es mínima: en la Primera Escuela de poesía negra.

Lo pintó sin objetivo político. Lo pintó como parte esencial que es de la vida nacional cubana; lo pintó como personaje folklórico, por lo tanto, porque «La rumba», que Tallet buriló como nadie, no sólo es parte de la vida del cubano sino que también es folklórica, porque se remonta a los bailes que se celebraban durante la esclavitud por los esclavos y el Día de Reyes en que gozaban de unas horas de libertad.

Pintó a la mujer negra en toda su belleza. Alfonso Camín, el asturiano, más cubano que asturiano, que inició la poesía negra, un año antes que Palés Matos, puso de relieve, en «Damasajova», cuán bella era la mujer de color cubana. En otras composiciones inmortales «orfebrió» su erotismo: en «Cangrejo Moro» y en «Pónme la mano aquí Macorina». Esto último lo hizo con una finura en que rinde homenaje de admiración y de respeto a la mujer negra.

Camín, con Cirilo Villaverde, que a su tercera versión de Cecilia Valdés la convirtió en una novela antiesclavista, y buriló la belleza de la mujer cubana, y permitiera a Gonzalo Roig hacer la zarzuela basada en la novela, mostraron al mundo la admiración del cubano, sin descriminación de ningún tipo y el orgullo, que sentía por la belleza de la mujer negra.

Y si Mariana Grajales, en su heroicidad, es la madre de todos los cubanos, Cecilia Valdés se convirtió en prototipo de la belleza cubana.

Se ha criticado a este Primera Escuela de Poesía Negra y a muchos de sus componentes, por hacer poesías, en que se dice que se ridiculiza y se caricaturiza al negro.

Pero no hay tal cosa. Es que del negro viene una gran parte del choteo y del relajo como forma de paliar el dolor nacional. No como factores negativos. Viene la alegría cubana. Viene la picardía que se unió a la del andaluz; el andaluz que pobló, él casi enteramente, a América hasta el bojeo de Ovando.

No se trató de rebajar al negro, sino mostrarlo en su alegría. Se ve que los negativistas no han ido nunca a Jesús María ni se han sentado una noche, con los hombres de color, frente a la iglesia. Ni han oído nunca un guaguancó de cajón. Se ve que no conocieron al «negrito Jacinto», como yo que lo defendí. Era un negrito de los que llamábamos cordialmente «carabelitas» porque era de descendencia yoruba, y tenía un cráneo redondito y pequeño; muy bien formado. Estaba acusado de haberle producido una conmoción cerebral a un hombre atacándolo con unas bolas de billar.

El contaba el suceso con la picardía que lo llevó a ejecutarlo. En un billar, un guapetón, le había dado una mano de golpes. Jacinto quería vengarse. Y pícaramente esperó que el hombre fuera a hacer de cuerpo. El había notado que la puerta del baño estaba abierta siempre; de par en par. No cerraba. Daba, exactamente a la mesa de billar. Así que espero que la agresor se sentara en la taza del inodoro, un día y lo bombardeó, cuando no podía moverse, con todas las bolas de billar. Le rompió la cabeza.

El hombre de color cubano es uno de los más alegres del mundo y mucha de la poesía de la Primera Escuela de Poesía negra hay que mirarla como un retrato de su picardía y no como una caricatura.

El exilio cubano, enseguida, se dio a la tarea de preservar la Cuba Eterna. La Segunda Escuela de Poesía Negra mantiene la tesis de la igualdad» nacida en la tertulia de Del Monte y continuada por José Martí. La Segunda Escuela de Poesía Negra, nombre que le dio la escritora Hortensia Ruiz del Vizo, mantiene que sólo hay cubanos en Cuba. Que no hay razas.

Por eso, su preocupación principal ha sido la de fundir al hombre de color con el hombre blanco y ambos con la Cuba Eterna: con las tradiciones; con las maderas; con las flores; con el paisaje; con la substancia total y absoluta de la patria. La Segunda Escuela de Poesía Negra ha reconocido, así mismo, el poder de las religiones sincréticas cubanas.

Por eso ha cantado a los dioses sincréticos: católicos-africanos, como Obatalá, que es la Virgen de las Mercedes. En estos momentos, en la patria, las religiones sincréticas tienen más vigencia que el Catolicismo y el Protestantismo.

En fin, la Segunda Escuela de Poesía Negra, inmediatamente, se dio a la tarea de pintar al hombre de color en su ambiente natural; en su patria; junto a sus hermanos blancos o chinos y poner de manifiesto que Cuba es una unidad racial desde «el punto de vista espiritual» porque sigue los patrones de Domingo del Monte; de José Martí... de Varela...

Varela, señalo, llamó a su periódico, El Habanero. La palabra Habanero, recordemos, en aquel momento era sinónimo de nación. Fue Saco, el que mas tarde cambio La palabra «habanero» por cubano.

En «El Habanero» de Varela no se hace distinción entre blancos y negros. Va dirigido a la patria cubana. Varela, como ya dije en una ocasión anterior, habló de Patria, y ésta es la sublimación de la nación; es su concepto subjetivo.

¿Hubo descriminación racial en Cuba? Antes que nada tenemos que distinguir muy bien entre «descriminación racial» y «prejuicio racial». La primera no hubo. El segundo sí. Todas esas frases que oíamos en Cuba: «El negro que no ia hace a la entrada la hace a la salida» o «Aquí no hay negro guapo ni tamarindo dulce» son «prejuicios raciales».

Prejuicios raciales los hay en todo el mundo. Peor: hay odios raciales como vemos en la antigua Yugoslavia, en los momentos actuales.

Descriminación racial no hubo en Cuba. Un hombre de color, con medios económicos, podía entrar y compartir en cualquier sitio frecuentado por blancos. No existía quien le negara la entrada.

Si le trataban de prohibir la entrada, los blancos que estaban en el restaurante se hubieran levantado como un solo hombre y parado la ignominia.

Cuba logró un equilibrio de razas que no lo tenía ninguna nación en el globo. Cuba tiene un alma afrocubana. Cuba fue independiente por la obra grandiosa de blancos y negros.

Si el hombre de color, al salir de Cuba los exiliados, había perdido el alto lugar que tenía en la cúspide cubana fue debido a los motivos que he indicado. No lo bajó de allí su hermano blanco.

Y para terminar. Mi compañerito de la niñez fue «el negrito Lázaro». Con él compartí las horas más felices de la niñez. Era un hijo más de mi madre. Fue uno de aquellos «negritos» que se aparecían en el barrio. Y se quedaban como hijo de alguna familia blanca. A él le he dedicado mis mejores páginas de poesía negra. Mi padre, que tanto le amó, le escribo este poema. Este poema es la negación más rotunda de la descriminación racial. La que impuso el grupo de asesinos que asaltaron el poder en Cuba en 1959, siguiendo la pauta de las dictaduras del siglo veinte, del nazismo, del comunismo, donde el crimen llegó a ser una cosa organizada como demuestra el Holocausto y los crímenes de Stalin. La que ha impuesto el Castrocomunismo.

A continuación la poesía de mi padre, José Sánchez Priede:

## A LAZARITO EN RECUERDO PÓSTUMO

YO CONOCÍ UN ÁNGEL NEGRO
o negrito angelical
que con sus solo ocho añitos
era un hombrecito ya
que acompañaba a mi esposa
en horas de soledad.

Que cruel es el destino;
nadie pudiera pensar
que al comienzo de su vida
nos lo iba a arrebatar
cual arrebata una rosa
el furioso vendaval.

Tristeza en los corazones;
en el alma hondo pesar
a su temprana partida
solo nos pudo dejar
y lágrimas en los ojos
que lo supieron amar.

Era amigo de mis hijos,
blancos ángeles, igual
que si el color no existiera;
una perfecta hermandad
en vínculos de cariño
formaba de ellos un haz.

El era su ángel custodio
y en su amistad fraternal,
los defendía contra todo
artero o posible mal
que pudiera acometerlos
en la calle o en el hogar.

No existía riesgo ni daño,
ni peligro ni maldad
que el bueno de Lazarito
no osara desafiar
por defender sus amigos
a su corta y tierna edad.

Y que valiente y que fiel,
que coraje y que lealtad,
como si fuera un león
el solía desplegar
si algún peligro acechaba
su fraternal hermandad.

Un día de esos aciagos
que es muy triste recordar,
no reportó Lazarito
a su visita habitual,

y pensamos: ¿Qué sucede,
Debemos de averiguar.

A casa de Lazarito
fue Pepito a investigar
y volvió muy triste a casa
con los ojos de llorar,
y nos dijo balbuceando:
nos ha abandonado ya.

Dios lo llevó hacia su seno;
con los ángeles está
donde no existen colores
y en fraternales amores
reina la santa igualdad.

Los colores, Lazarito,
se quedaron por acá
entre rosales y flores.

En cáliz de corazones
a ti van como una ofrenda
de cariño y de memoria
de los que te amaron tanto;
que Dios te tenga en la gloria,
angelito negro y santo...

De este sentimiento somos la generalidad de los cubanos. Apenas hay
pueblos en el mundo —y me lo han dicho sus nacionales— que venere a sus
héroes como los cubanos y que tenga tal pléyade de color. Y digo «color» sin
hipocresía. Creía de la palabra, que era hipócrita, Luis Araquistain en su:
*Agonía Antillana*. Veneramos a Martí, y a Maceo, el mulato Titán de
Bronce, a como a él. Así somos los cubanos.

# EL CUBANO Y LO ROMÁNTICO

L a naturaleza cubana ha moldeado, en mucho, el carácter del cubano. Sus cualidades anímicas. Es el cubano romántico, porque romántica es nuestra naturaleza.

Hubo un momento en que se podía, por debajo de bosques, transitar de un lado a otro por todo el territorio nacional.

Todo era pues, verdes, luminosidades y sombras. Luces y semioscuros. Y de pronto, una abertura en el ramaje y el pedazo de cielo azul, como si le hubieran dado varias capas de pintura, que miraba desde lo alto.

De pronto, un escampado mayor, y se columbraba entonces las nubes vendiendo en lo alto algodones de feria: barquillos de mantecados.

Los ríos eran remanso y silencio. Y ondas que sólo se movían cuando a la lluvia le daba por mecanografiar mensajes sobre ellas.

La placidez de la corriente, tejía días con ritmo de eternidad sobre las orillas en que bambúes y flores silvestres formaban la policromía de una alfombra tropical.

La naturaleza hizo del cubano un soñador de lo infinito.

La isla, como sucede en otras partes, no se cierra abrupta en farallones omnipotentes, en los que el silencio o el trepidar de las olas forman castillos góticos, leyendas macabras.

La isla es un horizonte abierto. Cuando los barcos cargados de azúcar enfilaban el horizonte, se perdían entre los dos azules que se confundían y parecían remontar el viaje hacia parajes ignotos. El mar se convertía en una inmensa sabana, como las del Caimán. Esas que permiten al pensamiento vagar y vagar, dirigido por el penacho verde de la palma.

El penacho verde de la palma es, también, como ese pensamiento. Cuando la brisa la toca, la palma levanta su cabello como señalando metas imaginarias. El se curva ligeramente indicando latitudes lejanas; para conquistar.

Todo favorece, en la isla, el sueño, la ilusión. Todo. La manera de caer la tarde que se va desprendiendo desde arriba como una malla que la envuelve con suavidad de pestaña de mujer.

El canto de las aves que se retiran a los dormitorios. El pase rápido de alguna tojosa que hace flecha en el aire. El silencio de las sitierías.

Y la décima quejumbrona, la décima que siempre canta amores no irrealizables sino esperanzas, la décima que conjuga esa quejumbre con el anhelo esperanzador. Así son casi todas nuestras décimas de amor. Todas se remontan con la certeza del amor que espera. Con el sueño y la ilusión del mismo.

La misma configuración de la isla influye en lo romántico con su plataforma de lanzamiento hacia el ensueño.

La enorme cantidad de cayos, rodeados de un agua purísima, de un agua donde los colores parecen aquellos de las bolas que jugábamos de niño, de parajes que semejan sitios separados del resto del mundo y paraísos perdidos, son síntomas inequívocos de esa influencia de la configuración de la patria en el carácter cubano. Y de lo romántico.

El cubano, debido a lo físico, a la belleza del paisaje, a la exuberancia tropical del mismo, a la proyección estética de éste sobre los sentidos a los que exacerba en el gusto y en el deleite, unido al desenvolvimiento histórico de nuestra patria, es un tipo único, especial, de una identidad completamente definida, que se separa del resto del mundo anímicamente.

Y el idealismo de esa caracterología cubana, al que acabamos de referirnos, lo hace pensar en que los demás son como él. En que tienen la abertura anímica de él. Esa abertura dada por el horizonte y por las sabanas. Dada por la palma.

Y confían en que encontrarán en los demás las mismas ideas sobre la libertad que él sustenta; el mismo desprendimiento de él; un desprendimiento que lo ha hecho siempre pelear por la libertad, tener a ésta como el don más precioso de la existencia, y fracasar rotundamente. Todo un romanticismo ilimitado. Grandeza de la patria y cuna de nuestras desilusiones; los otros no son como nosotros.

# EL CUBANO Y SU ROMANTICISMO

Somos los cubanos un pueblo completamente romántico. Románticos medularmente. De alma. Y esto, que es una gran cualidad, en una ciencia pragmática, como la política, constituye un gran fracaso.

Todavía creemos que hay amigos en política. Que hay amigos en la liberación de Cuba. Todavía llamamos hermanos a todo el mundo.

Cuando se ha conspirado y se conspira por muchas naciones del Continente para que seamos esclavos. Nuestro talento y la cuota azucarera es lo pragmático. La libertad, para ellos, puro romanticismo cubano.

Somos, digo, medularmente románticos. Nos hizo románticos hasta las últimas entretelas del alma, hasta los últimos veneros, la naturaleza cubana.

La naturaleza cubana. No fue una casualidad que Colón dijera: «es la isla más hermosa que ojos humanos han visto». Es que es verdad.

Cuba es un jardín florido. Fue siempre un vergel. Se podía caminar de Pinar del Río hasta Oriente, todavía en el siglo pasado, por debajo de los bosques.

Y no hay, además, como nuestro mar. Hay que ver sus coloraciones. Todos los espectros de los colores, todos los verdes y azules, se funden en el mismo. Hasta, cuando las aguas están claras, se ven los algodones de las nubes caminar por ellas y los fondos marinos, con sus cientos de pedrerías, lanzar su silencio de playa desierta hacia arriba.

Y como los amaneceres sobre palmas y sabanas, sobre flamboyanes locos de colores. Sobre los valles, como el de Jústiz.

Yo, que era un niño, y no sabía de estas cosas, no me olvido, como me sentaba sobre una piedra y miraba el juego del sol y de las sombras.

Que quietud había en ellas. Parte del valle, estaba moteado de sol. Parte, en una penumbra de tojosa de atardecer. De penumbra por la que el hilo de plata de la mañana iba tejiendo en oro un despertar de flores.

Yo nunca he olvidado aquellos cambios de luces, ni los que producían la maraña de nubes que taponeaban el sol mientras las auras tiñosas se movían lentamente, en ondulaciones perennes, sobre las ondas de aire caliente.

Aquellos cambios de luces llevaban al placer dulcísimo, al dulce de guayaba con queso, gigantón él, de ratón, de la bodega de la esquina. Llevaban a lo romántico, a la meditación. A lo monacal.

Como era monacal, de claustros y vidrierías de catedrales la costa del cayo, y la lejanía infinita de agua por la que surcaba una goleta, casi caída de lado, cargada hasta los topes; por los mares cubanos.

Monacal la tarde, en que la tojosa y las palomas se iban como flechas hacia los dormitorios a hablar con las maderas preciosas antes de recogerse, entre el dulzor de los mangos y del perfume de los troncos y arbustos a esperar el amanecer para volar hacia el comedero cercano.

Todo era romántico. El fuego cayendo sobre La Habana. Y los cúmulos amenazantes en el horizonte mientras el aire levantaba olas sobre el Malecón.

La naturaleza nos hizo románticos. Y las ciudades. Las villas y ciudades. Las villas con los muros sobre los que corrían las picualas, y los botones de oro y la lluvia se deslizaba haciendo meandros, curveando entre los rotos del cemento.

Y las tejas de la edificación del pueblo, la vieja casa colonial cayéndose de lado, mordida por los bejucos...

La naturaleza, y las ciudades y las villas y los parques, y los quitrines y volantas y la historia que nos asoció con el caramelo de la azúcar y los tabacos que en espirales de humo llevaban al soñar. Nos hizo románticos.

Y la gesta independentista. La gesta nos hizo amar más la naturaleza, porque ella, la manigua, nos dio alimento y cobijo y el dolor de los campamentos, cuajados de heridos, se vio aliviado por la tarde que caía lenta, de ángelus, para mitigarnos la pena del alma y las mañanas que se abrían en trinos de aves para alentar lo heroico que el pueblo de Cuba lleva, junto a lo romántico, como algamaza de su alma.

La gesta: una tropa famélica, mal armada, desarrapada iba desbaratando, día a día, al Imperio en el que una vez no se puso el sol.

Era una gesta romántica: de versos en la manigua; del recuerdo de la quema de Bayamo; del rescate de Sanguily. De expediciones que entre cayos iban llegando a liberar a Cuba. De poetas que destruían al imperio con versos cuajados de romanticismo y de heroísmo: *A una golondrina* de Zenea; *El himno del desterrado de Heredia*.

Porque ser romántico es vivir por un gran ideal. Es morir por un gran ideal como es la independencia patria. Es luchar por ese ideal por débiles que parezcamos. Por pequeños que luzcamos.

Por pequeño que parezcamos. Un gran romántico, que fundió la acción y la palabra nos dio la levadura definitiva para triunfar: José Martí.

Pequeño de estatura. Pero uno de los gigantes que ha dado la humanidad. Un hombre fundido con su paisaje, como vemos en su diario, y con el ideal romántico de la libertad, ese que llevó al poeta Byron a morir en los pantanos ayudando a los griegos a desatar el nudo turco.

Todo en Cuba es romántico: romántico el Primer Monumento literario; romántica la lucha contra corsarios y piratas, romántica la lucha de hoy contra dos imperios...

# MÁS DEL CUBANO Y EL ROMANTICISMO

Somos los cubanos hombres abiertos. Sin tapujos. Le decimos al pan y al pan y al vino vino. No somos hombres de pliegues. Los grandes simuladores, como el que aterroriza a la patria, apenas existen en nuestro pueblo. Son esos engendros que todos los organismos, por sanos que sean, desarrollan en forma de carcinoma. Son un cáncer.

Somos abiertos porque somos románticos. Y porque, se nos legó un código ético preñado de romanticismo político, el que busca el máximo patriotismo, la máxima perfección; el que lucha por hacerlos posible. Romanticismo político: el que cree en el Derecho Natural, en la razón; en los Derechos Inalienables del individuo.

Romanticismo político no quiere decir utopía. No quiere decir, como se ha tratado de hacer ver, un credo político irrealizable. Es todo lo contrario: la lucha por la máxima perfección política; social; ética del hombre.

Esto lo representó la Revolución Francesa en cuanto a la Declaración de los Derechos del Hombre y del Ciudadano. Esto lo representó la Declaración de Independencia Norteamericana. Ambas se confunden con el llamado Derecho Natural es decir el que Dios ha puesto en el corazón de todo hombre y que coincide con la verdad, con la justicia, con lo justo. Coincide con la razón, porque esta lo ve como verdadero.

Por eso, Abrahan Lincoln afirmaba que la Declaración de Independencia de los Estados Unidos es para todos los hombres. Con estas palabras: «para todos los hombres».

Por eso, en pleno despliegue de romanticismo político afirmó que la Democracia es el gobierno del pueblo, por el pueblo y para el pueblo. En el famoso discurso de Gettysburg, que muchos cubanos saben de memoria.

Dije que la naturaleza cubana creó al cubano como un romántico, es decir el hombre que consubstanciado con ella, ve en la misma la máxima belleza que es, la máxima perfección y la máxima razón. Porque ella lo hace todo perfecto.

Este Hombre romántico que es el cubano se va procreando a través de la historia. La naturaleza se une al aislamiento de la Colonia.

Este aislamiento crea un género de vida donde el tiempo camina con una lentitud exorbitante.

Surge, por eso, la habanera, la danza, la contradanza, es decir, músicas que reflejan ese tiempo.

Surge la danza que es bucólica como un verso del Cucalambé; suave, como la naturaleza cubana.

Hasta el danzón va a reflejar ese ritmo de la colonia aunque llegue a llenarse, en parte de su composición, de lo popular como en: *El bombín de Barreto*; *Almendra*...

Estas piezas son de espíritu romántico. Son piezas del tempo de la Colonia. Son piezas que reflejan al cubano, esperando en la costa, por los Amigos del mar, para poder sobrevivir con el contrabando.

Son horas las que esperaba el cubano por la llegada del barco contrabandista. El cubano se sentaba en la playa y veía la inmensidad de su mar. Veía sus colores. Cogía, y metía en la boca, la fruta del hicaco.

Veía a la uva caleta serpeando entre la arena blanquísima que él tocaba, la arena que recogía con la mano para sentir su calor o su frío, y dejaba caer de nuevo con parsimonia.

Si esperaba al barco de noche entonces el rumor del mar le llenaba el alma. O un Martín Pescador que se lanzaba hacia el mar de añil.

Después, a caminar hacia la casa, entre valles y palmares, hacia el conuco o hacia la villita nacida sobre el campo.

Si Florencia ha sido una ciudad erigida sobre el campo, éste, ha tenido, en el caso de Cuba, una gran repercusión, moldeando el carácter y el temperamento del cubano.

La ciudad, de La Habana, por ejemplo, estaba rodeada de vegas de tabaco por Jesús del Monte. De Agricultura. De aves canoras y de riachuelos; de bosques.

Esto, vuelvo a decirlo, hizo al cubano un hombre romántico. Esta belleza le llenó el alma.

La larga opresión colonial cinceló su Romanticismo Político. El Romanticismo Político, como dije antes, es el que tiene al ser humano como el patrón de todas las cosas.

El que habla de que el mismo tiene derechos inalienables que no le son concedidos por la ley sino que nacen con él.

El cubano tuvo que proteger la persona humana contra la opresión colonial, en forma tal, que nos convertimos en el compendium de la defensa de esa figura humana, de la persona, y de sus derechos.

La opresión colonial que sufrió Cuba no fue del tipo de una ocupación militar. Fue un sistema dirigido a inutilizar el alma del cubano. A destruirlo por completo. A destruirlo moralmente. Pocas veces un sistema colonial ha estado más consciente de sus fines que el que nuestra patria sufrió.

Se trató, pues, de barrer al cubano. No se logró, entre otras cosas, porque las clases económicas cubanas fundan inmediatamente unas instituciones que protegen el alma nacional, contra el asalto colonial.

Fundan una cultura que le da a la nacida nacionalidad cubana, en el siglo diez y nueve, un escudo contra la colonia. Y la revisten, en el Seminario de San Carlos y en el Colegio del Salvador, en la Tertulia de Domingo del Monte, en los escritos de Saco... con el Derecho Natural de que hablé antes; con la razón enciclopedista; con la Constitución; con la proclamación de los Derechos Inalienables del ser humano.

Por algo, la sabatina del Bayardo es una defensa apasionada del mismo.

Si la naturaleza ha formado al Hombre Romántico Cubano, el siglo diez y nueve, con nuestros próceres va a forjar al Hombre Romántico Político cuyo epítome lo va a ser José Martí.

José Martí va a convertir su vida, su creación y su palabra en el ideal del Hombre Romántico: en la defensa apasionada de la persona humana, esa que hizo en una de las piezas más magistrales que sobre ello se ha producido: *El presidio político*.

Este Hombre Romántico va a tener su máxima perfección en el Cubano Heroico. En el que va a dejar sus huesos en los campos de batalla de la manigua; o comido por el cólera morbo y por las balas enemigas; luchando contra un Imperio Gigante, para darnos patria.

Por que otra característica del cubano, algo por lo que el cubano no puede ser derrotado, es su heroicidad. El cubano es un hombre heroico. Un tipo heroico.

# LA INGENUIDAD CUBANA

Sí, somos muy ingenuos, políticamente hablando. Contra esta ingenuidad se ha estrellado «la viveza cubana». Porque la viveza es una forma de subsistir que proviene del pícaro español del siglo diez y siete. Proviene de la picardía del ciego cuando las uvas en el *Lazarillo de Tormes* y de su contraparte, su lazarillo; proviene del Guzmán de Alfarache.

Porqué también la picardía fue importada por América. En aquel enjambre de la flota— que impresión más duradera, sin estudiar, dejó en Cuba—, de hombres que llegaban al Nuevo Mundo venían los pícaros, tan formidablemente descritos por Lope de Vega en una de sus poesías eternas. Y nació en América con el negro esclavo, que tenía que valerse de ella para poder supervivir, en aquella perenne tortura que era la esclavitud. Con el negro curro y del Manglar uno de cuyos especímenes pintó, como nadie, Cirilo Villaverde.

Pero la picardía es una forma de supervivir que choca con la entereza del carácter mientras el romanticismo es una formación anímica total.

Vuelvo al principio de este ensayo: sí, somos muy ingenuos políticamente hablando. Hemos creído siempre, que nuestra causa, por ser la de la perenne lucha por la libertad, es la de los hombres libres de otras latitudes.

Y no es así: América entera, con unas excepciones pequeñísimas, nos abandonó en la lucha de la Primera Independencia, cuando destruíamos la riqueza cubana, cuando quemábamos nuestros monumentos, como Bayamo, por salvar la patria. Cuando todo lo sacrificábamos por ser libres. Por hacer libres a los demás con nuestro ejemplo. Fueron una excepción los que nos reconocieron la beligerancia. Estados Unidos, la tierra de la libertad, nos la negó siempre. Sus políticos soñaron con anexarnos. Y pusieron las bases de una de las zapatas pútridas que sirvió para que el marxismo nos subyugara.

Y hoy pasa lo mismo. Llevamos treinta y cinco años peleando contra el mundo. Contra un mundo que trata de que se nos siga avasallando por el

Castro-Comunismo porque conviene a sus intereses. Por un mundo que habla de libertad y la abofetea cuando quiere.

Creemos en los hermanos hispanoamericanos y estos no existen, en los gobiernos, y la mayoría de las veces ni individualmente. Aunque sean exiliados como nosotros. Las envidias de muchos llegan al cielo y sigue para arriba. No son hermanos en la lucha por la libertad.

Todo estos fracasos nos viene del Romanticismo Político y de ser Hombres Románticos cabales, por lo que acabo de decir, en el cubano como Hombre Romántico. En toda la sección que hablo de nuestra formación romántica.

Me explico. El Romanticismo nace, verdaderamente con el Renacimiento, como se ve en la gran obra sobre el mismo de Jacobo Burckhart, en la que nos habla de como el hombre descubre de nuevo la naturaleza y pone el ejemplo del Papa Silvio Eneas Piccolomini en su amor exaltado hacia ella, y con Juan Jacobo Rosseau para quien el «hombre nace bueno y la sociedad lo corrompe» como explicó en su famosa memoria.

El Renacimiento trae al hombre heroico con aquellos condotieros como «Juan el de la banda blanca» y otros, que postulan el heroísmo, en la vida, como guía.

La eclosión del Romanticismo que tiene lugar en España en el siglo diez y nueve, corre por Cuba, y en su exaltación del hombre, de su yo, de su individualismo, de su imaginación desbordada y sobre todo de la vida cumplida a totalidad en la devoción hacia el héroe, de Byron, del que hablo en otra parte de este libro.

Sí el hombre del Renacimiento es cabal, es total, es honrado consigo mismo y está dedicado enteramente a la libertad, como postulan los famosos versos del corsario de Espronceda: «con diez cañones por banda/ viento en popa a toda vela / no surca el mar sino vuela / un velero bergantín...» es natural que un hombre, típicamente romántico, completamente romántico, como el cubano, crea que los demás seres humanos profesan sus ideales: el de la libertad; el de la heroicidad.

Y aquí reside la ingenuidad del cubano, esa que ha aflorado por treinta y pico de años en la batalla contra el castrismo y que se presentó con toda su pujanza en las Guerras de Independencia. De aquí tantos desengaños y traiciones de parte de eso que nosotros llamábamos «Hermanos Hispanoamericanos»; de Estado Unidos y del Mundo.

El Romanticismo, por lo dicho, nos llevo a la ingenuidad y a la confianza en los demás pensándolos copartícipe de los grandes ideales de la Humanidad que siempre el cubano ha flameado.

Por eso hemos tenido tantos tropiezos en nuestra historia. Un pueblo generoso al máximo; un pueblo que mantuvo a todo meter en Cuba a José Figueres, ha visto como éste, al final de su vida coincidió e hizo causa común con Castro. Está en el Gramma de La Habana. Unas declaraciones explícitas a favor de Castro. Ha visto como Juan Bosch lo traicionó; ha visto como Carlos Andrés Pérez le dio las espaldas. Todos vivieron como marajás en Cuba, sin problemas financieros, porque el gobierno auténtico los mantuvo a más de ayudarlos en la reconquista de la libertad de sus patrias.

Los golpes a Dios gracias, nos han hecho comprender la realidad y aprender de ella sin dejar de ser románticos.

El Romanticismo, como se sabe, tiene al individualismo como una de sus bases fundamentales. Pero ello no mermó la capacidad de la integración colectiva en Cuba porque la zapata de la nación ha sido el ideario ético del Apóstol. El ideario ético de Martí dio al cubano una cohesión y una causa para vivir: la causa de la libertad. Así, el ideario ético dio al cubano, repito, un concepto fundamental: el del que el primer bien no es la vida sino la libertad. Por eso Martí hubo de decir que la muerte no es verdad cuando se ha cumplido fielmente la obra de la vida.

Lo importante, por lo tanto, es la libertad y a ella hay que sacrificar hasta la vida.

El ideario ético de Martí proporcionó al cubano una misión: la de trabajar dentro de la nación cubana por la implantación de los ideales que él contiene, por toda su Doctrina, porque el cubano ve en ella, desde el punto de vista individual y colectivo, desde el punto de vista político, el logro de la suprema justicia. Le dio al pueblo de Cuba una cohesión total con la libertad y la justicia. Lo fundió, aún más, en la causa colectiva de un destino común.

Por eso el cubano no se siente solo. Por eso el cubano no es un ser individual sino que pertenece a una gran causa: a la causa de la Humanidad. Esta es la filosofía del cubano porque ve a Martí no como un Apóstol solo de Cuba sino de la Humanidad. Rodríguez Embil lo llamó, llamó a Martí, «El Santo de América». Se quedó corto, porque en su filosofía, en su alma, el cubano lo ve como un santo universal.

Por eso es que no se toleran que se le ponga defectos. Cuando José Oviedo, un escritor boliviano, dijo que Martí había tenido una hija con la mujer de su amigo: María Mantilla, todo los cubanos protestaron airados.

Para el cubano, la devoción a Martí es una religión. Pero jamás se le ha exaltado como a un Dios, sino como un hombre en que se concentraron todas las virtudes que un ser humano y una nación debe poseer.

José Martí, el Apóstol, el hombre romántico *per se*, para quien la vida fue una lucha por su patria y por el ser humano, lo que demuestra su integración con toda la humanidad, con lo colectivo, lo mismo que hace el cubano, lo mismo que es faceta de la personalidad del cubano, que pone de manifiesto su ideal de unión de pueblo en un destino común. José Martí nos hizo, como se ve románticos.

Tenemos los cubanos un romanticismo total. Este nos causó la ingenuidad política y de otros tipos. Pero los golpes nos han enseñado a conocer a los hombres —«mientras más conozco a los hombres mas quiero a mi perro», decía Óscar Wilde— y a los pueblos. Y a las naciones. Y nos ha ido quitando esa ingenuidad y nos ha hecho mas batalladores por la libertad. Pero confiando sólo en nosotros mismos y en lo cubano. En esa filosofía de lo cubano que he venido exponiendo a lo largo de estos ensayos.

# LA MUJER CUBANA,
# RECUENTO HISTÓRICO

L a cubana es la Reina del Edén». ..., así reza la canción. Pero esta mujer, que viste lino, que se abanica coquetamente sentada en el fresco mimbre, que se pone una flor —la mariposa— en la cabellera negra (en la "mata de pelo"), que es de movimientos gráciles en la danza, en la contradanza y que ama el amor y la ternura, tiene reciedumbre de vara en tierra. No la tumba el ciclón.

Es cubana, y por lo tanto, romántica. Es aún más romántica que el hombre. La han educado para el matrimonio, para el cuidado de los hijos, para el baile, para el piano, para el bordado.

La han hecho completamente femenina. Y es igual en el campo que en la ciudad porque las características de un pueblo flotan en el aire y no hacen a nadie distinto. El género de vida es general. Aunque la campesina labore de sol a sol. Su alma está hecha por el desarrollo histórico de la isla: por la educación de la Perla; por el paisaje.

Esta mujer sueña acorde a su sexo. Quiere ser madre. Disfrutar de la maternidad.

Pero ella ha sido el centro de la familia. Mientras el padre labora en la calle ella hace el hogar. Los hijos no los forma el padre. Los forja esta cubanita que canta bajito y que se desvive por el nombre del amado; en el carnet de baile. En el paseo en el quitrín. O en la décima que la enamora. Que le entra por el bohío como perfume de galán de noche.

El ambiente de degradación moral, fomentado por la Colonia, el infierno moral de la esclavitud y la opresión que tiende a evitar el surgimiento de la nación cubana crearon un ambiente psicológico en Cuba que obligó a la economía de las fuerzas cubanas. Esto es, a la preservación de la élite cubana que surgía con los hijos y la que, a sangre y fuego, en contra de la represión colonial, se había formado en el Seminario de San Carlos y en el Colegio el Salvador.

La mujer cubana compartió con el marido las preocupaciones que el régimen de terror levantaba en cada espíritu y se unió al esposo en el acendrado amor a la patria.

Por eso es que la mujer cubana no solo teje banderas sino que marcha con los hijos y su esposo a la manigua. No importa la escala social a que pertenezca.

Por eso es que se le respeta como a un hombre más. La sociedad cubana nace igualitaria. La lucha contra la opresión y la guerra de independencia construyen ese igualitarismo que existió en Cuba, donde la mujer ocupaba cimeros puestos en todas las áreas y dominaba algunas como la de farmacia, la pedagogía...

Lo que representó la mujer en la Colonia y en la Guerra de Independencia sigue en el exilio. Tan poco tiempo de República Libre no dio oportunidad, a la patria, de levantar un monumento a todos sus valores.

Suya fue la defensa de los hijos, el rodearlos de una malla cubana de protección contra el ambiente asfixiante de la Colonia, contra la zozobra en que vivían las familias cubanas, siempre a merced de la voluntad omnímoda del Capitán General.

La terrible atmósfera de represión contra lo cubano, que culminó en el incidente del teatro Villanueva, y en la ejecución de los estudiantes de medicina, ejecución que se llevó a cabo inclusive contra un hijo de un español, templó el carácter de la mujer cubana al máximo. La hizo indómita y bravía. Y de unas condiciones morales excelsas con un amor de familia que era el amor por la patria. Porque en la defensa de la familia, en la preservación de la vida del liderato cubano estaba la supervivencia de la patria.

De niños, en las páginas de *Alma Mambisa*, del Dr. Villar y de *Nuestra Patria* del Coronel Dr. Matías Duque aprendimos el nombre de estas bravas, de algunas de ellas como Eva Adán Betancourt de Rodríguez, la que se negó a ir a visitar al general Mella que era el jefe militar, español, de la Comandancia de Camagüey. Le dijo, claramente que tenía que llevarla a la fuerza, conducida por soldados.

Todas estas damas sufrieron destierro, hambre y pobreza sin límites porque muchas perdieron sus riquezas en los horrores de la guerra.

Ni se quejaron, porque quejarse, como decía Martí, es una prostitución del carácter. Ni se doblegaron. Y batallaron al lado de los mambises, como la esclarecida Clemencia Arango.

Yo viví, en la patria, por breve tiempo, frente al Parque Córdova. De allí salí para el destierro. Era el parque dedicado, por la República, a Emilia

Córdova, una cubana ejemplar. Fue la mujer que llevó la última sonrisa de Cuba y el último aliento a los condenados a muerte. Fue la que les dijo: «hoy mueres tú pero aquí quedan las mujeres cubanas para crear hijos para la patria para que sepan, como tú, darlo todo por ella».

La mujer cubana, forma parte de ese pasado histórico, de esa evolución histórica que nos formó. No es una pieza suelta en la historia de Cuba, es parte completa de esa historia.

Las razones apuntadas son unas de las tantas que explican su reciedumbre y por qué Martí, antes de ir al sacrificio total, escribió a su madre en la que epitomizó a todas las mujeres de su patria.

De estas mujeres está formado nuestro pueblo aquí y allá. Estas son las del Exilio Histórico. Del presidio histórico.

# EL CUBANO Y EL MACHISMO

Tengo junto a mí una carta de Lord Chesterfield a su hijo. Fue otro de los libros que leyó mi generación: *Cartas a su hijo de Lord Chesterfield*. Hay una en que le habla de las mujeres.

No olviden que estas cartas hicieron famoso a Lord Chesterfield. Sin olvidar la que le mandó Johnson, el autor del Diccionario Inglés, pulverizándolo. Porque Lord Chesterfield, en muchas cosas, no era trigo limpio.

Dice de las mujeres, de todas, esta barbaridad: «tienen algunas veces «rapidez mental», pero una forma de razonar buena y sólida nunca he conocido una que lo tenga».

Jamás un cubano ha dicho, ni jamás haría, semejante ofensa y cretinada. Lo del Lord, para un cubano, es una ofensa. Como lo es esa supercretinada de Nietsche, en su libro: *Así habla Zaratrusta*, de que «las mujeres son seres de ideas cortas y pelo largo».

Esto sí es machismo y del mejor. Esto tuvieron las mujeres que sufrir. Porque la ciencia médica del Iluminismo, de la llamada Ilustración, de la Ilustración que con su *Enciclopedia* cambió al mundo, afirmó que, biológicamente, la mujer era un ser inferior al hombre. La estupidez infinita.

En Cuba no había machismo de este tipo, ni machismo de negar a la mujer un lugar en sociedad, porque las mujeres cubanas participaron en la Guerra de independencia y en la construcción de la nación... Y participaron abiertamente en la vida nacional, en todos los niveles.

Bien es verdad que no tuvieron derecho al sufragio hasta el 1927. Pero no debe olvidarse que Cuba no fue ajena, aunque en sentido limitado, a la construcción histórica de la mujer en sociedad que tuvo lugar en el Mundo Occidental.

Pero fue en Cuba, donde la mujer alcanzó plena libertad jurídica-Cuba gozo de ley de divorcio desde 1918—. Ello, cuando España tuvo que esperar hasta la llegada de la Segunda República para tal logro. La que perdió al finalizar la guerra civil. Hace poco, unos ocho años, se aprobó otra.

En Cuba, además, el presidente Carlos Prío, puso en vigor la ley que impedía al marido entrar en ninguna contratación relativa a la enajenación de bienes habidos durante el matrimonio, sin consentimiento de la esposa. La ley fue aceptada. No hubo contratiempos de ninguna índole. El hombre cubano la consideró de justicia.

En Cuba no había machismo que tendiera a privar a la mujer de su puesto en sociedad. El machismo cubano era de otro tipo. Por ejemplo, cuando llegamos al exilio tuve amigos que se enfermaron por el hecho de que la mujer encontró trabajo antes que ellos y mantuvo la casa. Mis amigos no podían aceptar esto. Se sentían unos seres desgraciados. Eran ellos los que tenían que laborar. Eran ellos los que tenían que mantener la casa. Vivir del trabajo de la mujer a pesar de las duras condiciones que nos impuso el exilio les parecía algo insoportable a su dignidad de hombre.

El machismo cubano no consiste en atropellar a la mujer: el proteger a la familia es el machismo cubano. El trabajar para ella es el machismo cubano. En no dejar que la señora trabajara y que se dedicara, por el contrario a criar a los hijos, es el machismo cubano.

El machismo cubano es no querer que la mujer trabaje aunque no haya hijos. El hombre cubano tenía como obligación el trabajar él. El mantener el hogar. Hablo de allá. El sentimiento persiste aquí a pesar de la adaptación a las circunstancias del exilio.

No era el cubano hombre de tener hijos ilegítimos. Los había como es natural; como en otras sociedades. Pero no era, como acaece en muchas naciones, una forma de demostrar la virilidad sexual.

Y es que el hombre cubano siempre se ha acercado al sexo con pudor. El cubano nunca fue hombre de hablar descarnadamente del sexo. Hasta las clases más humildes pensaban siempre que tal cosa corrompía moralmente.

Por eso, un cubano, me dijo en el exilio, al referirse a la obsesión con el sexo, y a la desvergüenza que constituye el que se hable del sexo, pública y descarnadamente, como se hace aquí, en Estados Unidos, me dijo: «la diferencia entre ellos y nosotros es que nosotros somos jodedores y ellos unos corruptos». No es lo mismo ser un «jodedor» que un corrupto. En el jodedor no hay el elemento de corrupción. El que, como todo hombre busca la conquista normal en el sexo, es un jodedor, pero no un corrupto. Nuestro Don Juan no es un corrupto.

Fíjense que en la sociedad norteamericana no hay Don Juanes. En el Don Juan hay un elemento de sensibilidad que no existe en el «Womenizer», que es como se le llama aquí al hombre que está siempre detrás de las mujeres.

En éste privá el sexo en bruto; el acto material en sí; el saciar el instinto. En el Donjuanismo interviene la sensibilidad y hasta el amor. La mujer no se busca como hembra sino como algo adorable. Por eso el Don Juan enamora; el Don Juan siente amor. El Don Juan siente piedad cuando abandona a la mujer. Siente remordimiento. Esto no se da en el «Womenizer».

En el cubano, en ciertos casos, en el Don Juan, hay una vanidad escondida, en la conquista, pero hay un afecto por la mujer. La mujer no es «un objeto sexual» como se dice en la nomenclatura estadounidense. La mujer es un ser humano.

Que el sexo es siempre tocado con pudor, al hablar el cubano, se ve en los llamados «chistes de relajo». El chiste de relajo nunca es descarnado. No se habla del sexo, en él, groseramente. El humor que hace reír está, por el contrario, en la insinuación de lo sexual.

El chiste «del viejito cubano» es muy ilustrativo sobre este aspecto. El chiste es de este tenor: «Un viejito cubano, todos los sábados jugaba al dominó. Formaba pareja. Una noche faltó y su pareja junto a los otros dos jugadores, pensaron que como tenía mucha edad, algo le había pasado. Así que lo llamaron por teléfono. Cuando el viejito dijo: «Oigo», el que llamaba le contestó: «Oye viejito, ¡Qué susto nos has dado! Creíamos que te hacia pasado algo. ¿Por qué no has venido? Replica el viejito: «Muchacho, porque levanté a una mujer joven y bellísima. La tengo aquí en el apartamento y estamos tomando un traguito» (Todo esto lo expresa con su voz gangosa de viejito). «Bueno viejito, contestó el amigo: «Si puedes ven». Ni corto ni perezoso respondió el viejito: «Chico, si puedo no voy».

Este es el tipo de chiste que hace el cubano. La referencia al sexo es completamente indirecta y graciosa. Estos no son los chistes que se oyen en otras partes del mundo donde el sexo, en general, es tratado de forma asquerosa, grosera, que los cubanos rechazamos terminantemente.

El machismo nunca fue tema en Cuba. La mujer en forma persistente, pero sin manchar jamás su feminidad, iba reconquistando las posiciones perdidas en La Historia por falsas interpretaciones, como esa del Iluminismo.

Y seguía cultivando aquellas bellezas nacidas en las Cortes de amor de Margarita de Navarra, y en aquel código del «amor cortés» que nos legó Andreas Capellanus, en que el juego del amor era llevado a grandes sublimaciones; en que el sacrificio del hombre, ante el amor imposible, llegaba a los dolores más fieros.

Era la depuración del amor de Stenhal: la famosa cristalización; o de La Rochefoucauld en sus «máximas» o las descripciones sobre el enamoramiento del hombre por la belleza femenina, como cosa estética. Por el talento de la mujer, que nos dibuja, finamente, Marcel Proust en su obra maestra: *En busca del tiempo perdido*.

El hombre cubano amaba la inocencia del amor que nos describió, siglos antes de Cristo, *Dafnis y Cloe*, la novela imperecedera.

El cubano rechazaba el vicio en el sexo y las desviaciones hoy elevadas al cubo por una sociedad enferma; y los androgenismos que en la actualidad pregona la señora Singer en su tratadillo.

El cubano siempre se sintió orgulloso de los triunfos de la mujer cubana como madre y como profesional en todos los sentidos. Y de no haber caído la patria en el comunismo estaría ella libremente, oponiéndose a las falsas doctrinas feministas que tratan hoy de liquidar a la sociedad occidental.

Y es que no se puede olvidar un punto hablando del machismo en Cuba: La mujer cubana viajaba continuamente durante la colonia al extranjero. Y principalmente a los Estados Unidos donde se empapaba de todas las ideas modernas que la nación norteamericana producía.

Pero sobre todas las cosas: la tiranía española y las guerras de independencia cubana, llevaron cientos de cubanos a los Estados Unidos. Estaban, como hoy, por todos lados.

Las mujeres, pobres o ricas, trabajaban al igual que los hombres en los más variados oficios: desde maestras a operarias de factorías. Al par del marido mantenían el hogar.

Y cuando los esposos partían para la guerra, en las innumerables expediciones que dejaron las costas estadounidenses, teniendo como destino las playas cubanas, ellas, las mujeres de la patria, se hacían cargo de la prole; del lar común. Y si el marido moría — cientos quedaron viudas— ellas, las viudas cubanas, la mujer cubana, enfrentaba todas las situaciones.

En fin, hablar de un machismo cubano, como se ha hecho, sin adentrarse en un estudio muy profundo de Cuba, lleva, como sucedió, a los mayores disparates.

Porque si ha habido un ser postrado ante la belleza de la mujer, adorando a la mujer, ha sido el cubano. El «pepillo» cubano, es decir, el adolescente al que empezaba a salirle el bigotico, se pasaba horas en las esquinas, lo que en lenguaje popular se llamaba: «hacer posta», sólo para verla salir al portal.

Los domingos la muchachada se paraba en las afuera de la iglesia, esperando que terminara la misa; esperando por la dama de su sueño; por la adolescente de su sueño.

Y lo mismo pasaba con «la guagua» del colegio: corría uno a la esquina por la que pasaba «la guagua» del colegio para contemplar a la muchachita que le hacía, tilín en el corazón.

Habíamos heredado de los españoles el culto a la mujer y el amor cortés. Eramos dignos herederos de Quiñones de Benavente que retaba a contienda a cualquier caballero que pasara por un puente. Dedicaba la batalla, en la que podía perder la vida, a su dama. Dignos heredero de aquel que llevaba una pesadísimo collar de hierro al cuello, sacrificándose por su amor. Y todo ello por amores imposible. Porque el amor imposible era la base del amor cortés.

«Se habla de la caballerosidad española». Todavía, después de treinta y tres años fuera de Cuba, cuando caminamos con una dama tenemos que hacerlo por fuera de la acera, pegados a la calle, no por dentro. No podemos dejar de ayudar a una mujer que carga algo o que sale de un automóvil. Le damos la mano.

La caballerosidad española que es una de nuestros más preciados tesoros como raza, llegó en Cuba a los más altos niveles. Y aún la conservamos.

El machismo no es enamorar a una mujer correctamente, haciéndola, como dice la canción cubana «reina del Edén». El machismo no es rendirle pleitesía a una mujer como hacemos aún y hacíamos en Cuba. El refinamiento y la cortesía no son «el machismo».

Machismo quiere decir tratar de dominar a la mujer. Y esto, como cultura colectiva, como sentimiento colectivo, no existió nunca en Cuba. Y si el hombre hubiera tratado no lo hubiera permitido la mujer cubana.

Que Cuba dio a Gertrudiz Gómez de Avellaneda. Mujer más independiente no la pudo haber. Que Cuba dio a Evangelina Cossío que escapó de una cárcel y fue llevada a Estados Unidos. Fue una historia, fabulosa, la de este patriota. Conmovió a los Estados Unidos y a la opinión mundial.

La iniciativa de la mujer cubana siempre fue vital en la construcción de la patria. Ya a través del Lyceum, ya inaugurando exposiciones de Bellas artes. En una revista de 1905 se ve la fotografía del grupo de damas que organizaron la exposición en Santiago de Cuba. La exposición recababa fondos para un asilo de Santiago.

Y hablo de esta exposición porque ella muestra la movilidad social de la mujer. En todos los estratos sociales, estaba la mujer cubana desenvolviéndose de una manera independiente. Y si el machismo, por formación histórica trataba de impedir el avance de la mujer, en cualquier área de una nación, la mujer cubana iba conquistando, sin problemas, el acceso a la totalidad de ellas, con un trabajo positivo, sin predicar odio contra el hombre o un «androgenismo» estúpido y vicioso.

No ha duda de que en el mundo— por razones históricas, vuelvo a decirlo— se escribieron cosas de cosas, como esta que se debe a la pluma de un médico norteamericano, que publicó, en 1904, una sexología (para circular en el hogar) muy popular en su tiempo. Afirmó cretinamente: «No podemos imaginarnos como un hombre puede reformar su manera de ser en relación con la mujer dándole a la misma el derecho de votar, pero si estamos seguro que con esto muchas mujeres se degradarán. La caballerosa veneración que el hombre tiene hoy por la mujer surge de la distancia, de las diferencias que los separan; en realidad, de las ventajas que ella posee como mujer. Esto desaparecerá con la igualdad política entre ambos, porque él estará en perpetua y abierta guerra y rivalidad con ella».

Cuando Cambula tejía la bandera cubana, o cuando la mujer cubana pasaba sus manos delicadas sobre las hojas de tabaco o cargaba grandes pesos en la factorías, reafirmaba que ella estaba a la par del hombre en la construcción de la Cuba eterna. Aunque le llegó el derecho a votar en 1927. Reafirmaba que el hombre cubano la veneraba y le reconocía una completa igualdad con él.

# EL REFRANERO CUBANO:
## LA FILOSOFÍA DE UN PUEBLO

La cantidad de refranes que tenemos los cubanos es una cosa muy seria. Hasta que yo publiqué mi libro: *«Guante sin grasa no coge bola»*— he oído, igualmente este refrán que sirve de título a mi obra sobre los refranes inéditos cubanos de esta manera: «Guante que no se engrasa no coge bola»— salvo la colección de refranes de los negros, de Lydia Cabrera, no se habían recopilado tan en completo.

Estos refranes muestran la honestidad, la decencia, lo abierto que es el cubano; dan su romanticismo.

En días pasados me daba alguien que fue fabricante del calzado en Cuba este refrán: «Mujer con cambrera floja a la larga te sonroja», que indica la seguridad que el cubano tiene en la mujer y al que corresponde su contraparte: «Mujer cubana no es palma enana», un elogio de la cubana. Un sinónimo de éste es el que recogí en Oriente y que reza: «La cubana no es un real sino palma del real. Descuella entre el manigual».

Como ustedes saben «la cambrera» es el medio del zapato, lo que le da flexibilidad. Cuando un zapato es bueno la cambrera es flexible, nunca se rompe, porque está hecha de un material magnífico. El cubano no quiere ese tipo de mujer de cambrera, floja, y habla con admiración de la cubana a la que compara con la palma real no con la palma enana. A la cubana, a la que hace sobresalir sobre todo.

Del mismo tipo son los que siguen: «Mujer cubana, compañera de campana a campana», donde el boxeo le permite, al cubano, afirmar que la mujer cubana es compañera del hombre sin desfallecer jamás: «de campana a campana; mujer cubana lisa como la sabana» o sea sin pliegues, sin mezquindades; «mujer cubana, sinsonte de la mañana», ave que da alegría; que llena la vida de felicidad; «mujer cubana mariposa en la ventana» donde se habla del perfume de nuestra flor nacional, de la mariposa; «mujer cubana tiene gusto de mañana», señalando que no hay nada más bello que una mañana cubana en el campo patrio, donde las flores exhalan su perfume. Miles de flores, y la variedad enorme de nuestras aves canoras llenan de música la isla; «mujer cubana es mar de hora temprana», comparándola con el mar.

Efectivamente, el mar, en la mañana, es un plato. Había que mirar nuestras playas y ver como el mar no se movía. Parecía un espejo de colores verdes. De verdes combinados en todas las tonalidades: «mujer cubana, mar pacifico y campana», donde se hace una comparación entre la mujer cubana con dos flores cubanas bellísimas: el «mar pacífico» y «la campana».

«Botón de oro y mujer cubana quiero a ambos en la ventana». Aquí, el cubano se refiere a esa flor que parece de oro: el botón de oro, que rapta sobre el bohío y cae sobre la ventana en mucho de ellos, dando una belleza impresionante a la vivienda de nuestros campesinos, nuestros guajiros; «mujer cubana «vara en tierra en el ciclón».

En este último, mujer cubana es, por lo tanto, una protección contra el ciclón de la vida; contra los dolores.

El refranero cubano está lleno de la mujer cubana: «cuerpo de mujer cubana mamoncillo y mejorana»; «pelo de una cubana derrota la palma cana»; «los ojos de una cubana cocuyo que se hace mojo»; «la cintura de cubana danzón que mata culebra" (este refrán es de origen africano)...

La mujer cubana es siempre una diosa para el cubano. La religiosidad del pueblo cubano adquiere sus mas altos quilates, sus mas profundas arreboles cuando canta o reza a las diosas cubanas, a las vírgenes católicas unidas por el sincretismo como «Obatalá» la diosa africana confundida con «la Virgen de las Mercedes», o «Ochún», fundida con «la Caridad del Cobre».

Los dioses sincréticos masculinos: Changó; Ogún; Abasí— Dios Supremo— no mueven el corazón de los creyentes; no mueven la religiosidad de su alma como las diosas; como las mujeres, del panteón sincrético.

No hay en éste nada como «el Sagrado Corazón de Jesús», que en la religión católica sintetiza el máximo poder y que tiene devotos que se dan todo a él tal como expresan en sus rezos. En que lo aman al igual que a la Virgen María. En el sincretismo religioso del pueblo cubano, «Ochún», «la Caridad del Cobre», es la luminaria del panteón religioso. La diosa substituye al Dios africano. En general el Dios masculino no mueve el alma como el femenino. No recibe, tanto amor.

Es también notable que mientras en otras naciones los héroes nacionales son hombres y que aún las heroínas de la nación no son puestas al mismo nivel que el hombre, en Cuba Mariana Grajales, por sus virtudes, está a la par de los héroes de la nación, con excepción, por supuesto, de José Martí que es Apóstol de Apóstoles.

Hablar de un «Machangato» y otras sandeces choca con la realidad cubana, choca con los sentimientos del hombre cubano por la mujer; choca con el respeto del hombre cubano por la mujer cubana. Es, por lo tanto, falso.

Como es una mentira la descriminación femenina. La mujer cubana escaló siempre los más altos puestos; los logró cuando quiso tenerlos; nadie se puso en su camino; en lo familiar ejerció un verdadero «matriarcado».

El machismo existía en Cuba — van algunas áreas— en el valor personal; en la defensa de la dignidad humana en jugarse la vida... No en el terreno de las relaciones entre el hombre y la mujer.

¡Y se habla del machismo en Cuba! Si la adoración del cubano por la mujer es total. De esto trataremos, en otros aspectos, en el segundo tomo de este libro.

El refranero indica lo dicho. De ahí que afirme: «La mujer cubana es la que suena la badana», usando el castizo: «Sonar la badana»: «Ser lo más alto» la «mujer cubana».

# LO CUBANO Y LA HOSPITALIDAD.

L a hospitalidad cubana se fue formando en un proceso de siglos. Muchas causas intervinieron. Una fue el clima. El mismo siempre ha jugado un papel importantísimo en nuestra configuración anímica. No ha hecho amables; corteses. Abiertos como él, que es sólo sol radiante. Sensuales como él, que es una policromía de colores. Un rosicler.

Fue el convivir con innumerables seres humanos de varias procedencia en nuestra historia. Por la Isla pasaron viajeros de todas partes del globo, porque siempre sus productos y su paisaje maravilloso, fueron acicate para los que entonces gustaban de ir por el mundo. Yo he leído revistas del mil ochocientos y pico que hablan de una excursión al Valle de Yumurí. Este es visto como una de las maravillas naturales del orbe. He leido de excursiones a Güines y la descripción de su clima salutífero y de sus aguas maravillosas.

La Habana siempre atrajo gente de todas partes del planeta: sus cafés, como el de «La Dominica», eran conocidos en el mundo entero. Sus avenidas comentadas en todas las capitales europeas. La vista de la entrada a la Bahía con las casitas blancas de Regla, de Casablanca— hasta se cita a Tiscornia en muchos libros— elevada a la belleza suprema.

Los ingenios, los cafetales, aquel túnel de flores y perfumes que permitía caminar toda la isla sin ser molestado por el sol, las esquinas de fraile, las calles de La Habana Vieja — el conglomerado de monumentos mayor construido por España—, eran un incentivo para visitar la Isla.

Pero además, los cubanos tratamos a toda clase de extranjero que se avecinó en La Habana, ya definitivamente, ya temporalmente. La flota, lo muestra. Estaba formada por hombres de las regiones de España y de América. Y de muchos europeos.

En Cuba vivieron portugueses. Los franceses de Haití, cuando la rebelión de los esclavos se hicieron parte de nuestra patria, sobre todo en la región oriental. Los españoles llegaron en gigantescas olas a partir de Don Tomás. Porque la política de abrirle la puerta a los vencidos fue parte integrante del programa de gobierno de nuestros presidentes. Esta inmigración cesó en el 1933.

Jamaiquinos y Haitianos, por millares, iban a nuestro país para hacer la zafra. Los judíos llegaron con la Segunda Guerra Mundial. Pronto progresaron y convirtieron un coto propio a la calle Muralla— De la muralla—. Los libaneses y sirios fueron igualmente a asentarse a nuestro caimán. Progresaron, como los españoles y los judíos, enormemente. Jamás oyeron una palabra de censura. Nunca fueron despreciados racialmente. Todos, aunque permanecieran extranjeros — aunque no se hicieran ciudadanos cubanos — continuaban acogidos a nuestra hospitalidad. Eran parte de la filosofía de lo cubano. Hasta una de nuestras canciones clásicas y tradiciones, habla de lo bella que es una mujer mora. La cantamos, la composición, en Navidad. Así empieza: «Allá en la Siria hay una mora— que tiene los ojos más bellos que un lucero encantador... Su letra es pegajosa: «¡ay mora!, acábame de querer; no me martirices más, que mi corazón está, que se devora, por quererte tanto mora... «Por quererte tanto mora». Teníamos afectos para todo el mundo. Nuestra hospitalidad cubana era para todos.

No había ninguna diferencia entre un Sánchez, un Kourí, un Bender o un Chang.

Porque los chinos, que habían llegado como semiesclavos, fueron llevados a la caldera de fundición del alma nacional cubana. Acogidos a la hospitalidad nacional que la historia y el clima habían ido formando.

Los chinos vivieron en los barracones con los negros. Lo vemos en esa novela, que muestra los horrores de la esclavitud que fue: «Cecilia Valdés». Que muestra la lucha, contra el sistema esclavista, de los cubanos.

Llegaron a Cuba de culíes y terminaron siendo parte principal del alma nacional. Con el gallego, el español, con el negrito, el chino fue acogido por nuestro pueblo. Y se injertó en el folklore cubano. Y todo folklore es la expresión del alma nacional.

El barrio chino era parte principal de Cuba. Sin «El Pacífico», uno de los restaurantes chinos más famosos de Cuba, ubicado en el Barrio Chino, sin los orejones, un helado chino, sin los almacenes de víveres de los chinos, sin las fondas modestas de los chinos, en la que mataba el hambre el hombre pobre de Cuba, no se puede describir la nación. Sin la corneta china, aporte del chino a la comparsa cubana, el alma de Cuba queda trunca. Sin su sonido estridente no hay comparsa.

El folklore cubano recogió esa hospitalidad del cubano. El folklore cubano no tiene un signo de descriminación racial. En Cuba jamás se odió a un español; o a un libanés; o a un chino por alto que hubieran llegado económicamente. Por sus rasgos raciales.

Esa envidia, ese odio que en otras naciones hacia el emigrante triunfador no existió en Cuba. No hubo envidia, ninguna, hacia el extranjero.

Los niños, por mortificar al español de la esquina, gritábamos: «los españoles no se bañan ni con agua de carabaña». La expresión surgió de una pieza jocosa del teatro bufo cubano. Nadie se atrevía a decir esto a un español directamente. Y si un niño lo hacía, y el gallego —español— le pegaba unas buenas nalgadas, esto se aceptaba por un cubano como un correctivo necesario. Sin resentimiento.

De la misma manera, del teatro bufo vino aquello de «Chino Manila pa Cantón— dame la contra el chicharrón». Ninguna de ambas frases tiene intenciones raciales, sino jocosas.

En Cuba jamás se permitió la ofensa racial. Es que no existía. Aquí en el exilio ha habido gente que ha tratado de inventar un problema racial en Cuba. Son arribistas sin cultura; o gente que trata de fomentarlo desde el exilio con miras políticas en el futuro.

Por otro lado la escena nacional cubana no estuvo dominada por familias sino por un presidente que había sido retranquero en los ferrocarriles. Por gente humilde. No existió nunca, como en los demás países, familias que dominaban la curia; o el ejército; o el clero.

La igualdad cubana siempre fue total. Por eso la hospitalidad siempre fue en Cuba de alto grado: Los hijos de los ricos estudiaban con los pobres y con la gente de color en la Universidad de La Habana.

La igualdad, la hospitalidad, la no discriminación racial en Cuba caminaron siempre juntas.

Esta hospitalidad ha nacido en los puntos que he tocado líneas arriba. Así como hay períodos formativos, según los historiadores, también hay «puntos formativos». Puntos que, por insignificantes que parezcan, determinan el carácter y temperamento de los pueblos. Uno de ellos es, por ejemplo, el hecho de que el cubano abriera su casa a sus compatriotas.

Como Cuba es un par tropical, las casas son de puntales altos y llenas de luz. Las casas tienen jardines y portales. Las casas tienen lugares de reuniones, como el portal, al que acudían a saludar a la señora que tomaba el fresco o simplemente se sentaba en él, al atardecer, para «ver pasar a las gentes».

Esta frase es muy importante: «ver pasar la gente». Esto denota un carácter gregario; comunicativo; un carácter que por lo tanto no rechaza la hospitalidad ni la igualdad.

Las casas son abiertas. Cuando el vecino saluda se le convida pasar a la sala para tomar café. El buchito de café es la muestra mayor de la hospitalidad cubana. Permea todos nuestros actos. Nos une. Cuando encontramos a alguien en la calle, después de saludarlo, para seguir, conversando le decimos así: «vamos a tomar café». El café es el signo mayor de la hospitalidad cubana; de la igualdad cubana.

El cubano abre sus casas. Debido a la formación de la Perla de las Antillas en que la estructura económica llevaba a la casa al vendedor de tejidos— al polaco o libanés—; al chino que arreglaba las rejillas de las sillas; al muchachito español que traía los mandados de la bodega; al hombre de color que chapeaba — cortaba— la yerba o «atizaba los bastidores»— estiraba— de las camas; debido a esta formación, ellos entraban en las casas. Y compartían con la «señora». Y así se fue estableciendo un grado de igualdad, de familiaridad; de hospitalidad.

El hombre de color, o el chino, o el polaco— el judío— o el sirio, o el libanés o el bodeguero tomaban el café que le ofrecía la señora; si tenía mucha sed pedía agua.

Esta igualdad y hospitalidad fue tan compleja que merece un estudio intenso y total para comprender bien el alma nacional cubana. Todos los barrios, por ejemplo, tenían «sus mendigos». Para comprender la filosofía de lo cubano.

En aquellos años de penuria, cuando la depresión mundial, cuando los precios del azúcar llegaron a grados ínfimos, los mendigos visitaban los barrios de la clase media cubana. Un lazo de solidaridad se estableció entre ellos y el barrio. No eran para el cubano, como en otras latitudes, unos seres despreciables; no eran unos parásitos sociales. Eran unos seres a los que había que ayudar.

Los cubanos heredaron el concepto de solidaridad humana del español. Del pueblo español. Cuando mi tía, cito un caso, allá por los treinta, cayó enferma de neumonía en un viaje, a cientos de milla de la aldea perdida en la montaña, donde vivía, en España, y perdió el conocimiento, por más de un mes fue atendida por los vecinos del pueblo donde la agarró el mal. La atendieron gente que no tenían amistad con ella.

No sabían quien era; ni de donde procedía. Sabían que era un viajero. Al igual que aquellos peregrinos que se acogían en las casas españolas durante la Edad Media y que iban camino de Santiago.

Eran aquellos peregrinos alemanes que llegaban a la Iglesia Española: «San Antonio de los alemanes», fundada por Carlos V, que se encuentra en Madrid, cercana al centro, en el famoso barrio de Malasaña; eran aquellos peregrinos alemanes que encontraban alojamiento en tierras españolas. Todavía, un peregrino alemán, puede tocar, a cualquier hora del día o de la noche, y se le acoge, como un hermano, en esta iglesia.

Mucho se puede hablar del sentido de igualdad del pueblo español y de su hospitalidad. Da para un gran libro. De él, nos viene, igualmente ese sentido caricativo de la vida, de ayudar al caído, que es una muestra de la igualdad y de la hospitalidad.

Así que lo nuestro y lo de él se ha mezclado para producir «la filosofía de la hospitalidad cubana.

Estos mendigos de que vengo hablando eran, a veces niños. «Coca», «Coquita», fue uno de ellos. Llegaba todos los días sobre las seis de la tarde. Terminó siendo un hermano de todos los muchachos del barrio. Nuestras madres lo acogieron. Dejó de ser mendigo. Hacía mandados; limpiaba en las casas de nuestros padres. Comía en ellas y llevaba el condumio, por la noche, a su familia.

Otras veces, lo que aparecía por los barrios de clase media, eran pilletes; golfos. Venían a jugar con nosotros. No tenían ni guante ni pelota. Lázaro fue uno de ellos.

Fue un hermano para toda la grey infantil. Era un miembro de mi familia. Hoy, a más de cincuenta años de su muerte, se me llenan los ojos de lágrimas al recordar a «mi hermanito negro». Así somos todos los cubanos. No hay ninguno de nosotros que no lleve dentro del alma el amor por un pillete de barrio, por un pobre, que apareció un día en él, y se quedó como parte de la familia.

Lo mismo sucedió con las criadas: eran un miembro del núcleo familiar. Petronila; Dulce María; Santa; están aquí. Santa ha sido personaje de mi novela sobre el barrio.

Las criadas se convirtieron en seres de la familia, debido al desarrollo histórico de Cuba. Ese monstruo execrable que fue la esclavitud llevó, sin embargo, a la esclava dentro de la casa del amo como cocinera. Llevó a la manejadora. Llevó al niño negro; al esclavo negro que jugaba con el blanco.

Creo que no hay mejor prueba de esto último que ese óleo cubano del diez y siete donde aparecen la marquesa; el marqués; el marquecito, y el pajecito negro; el compañerito del niño.

El horrible episodio o los horribles episodios del calesero en la novela Cecilia Valdés a quien Leonardo le cayó a latigazos, —su calesero—, o el de la niñera que amamantó a una de las hijas del matrimonio Gamboa, que porque le daba de mamar, de igual manera, a la que había llevado nueve meses en sus entrañas, su hija, fue llevada al ingenio para ser castigada;

trasladada de la capital al ingenio como castigo por la señora de Gamboa, una mujer pervertida, como el marido, por la esclavitud, ese infierno físico y moral, son excepciones.

La regla general es la de la hija de la señora de la Gamboa que ama a la negra que le dio la leche de sus pechos y trata, por todos los medios, de que se le quite el castigo.

Esta mujer brutal, la Gamboa, consentidora de todos los desmanes de su hijo, mujer, como él, sin carácter, no tuvo, sin embargo, espavientos y, como cientos de amos de esclavos, dio a su hijo a los pechos de una esclava, en una de esas contradicciones que matizaron siempre el esclavismo cubano. Que demuestra de que la esclavitud se olvidaba a veces, aun por los más degradados esclavistas.

Su marido consideraba a los negros una bestias. De esa forma justificaba el oprobioso sistema económico de la esclavitud.

Y la hija del matrimonio representa al pueblo cubano que nunca aceptó la crueldad de la esclavitud, y que cuenta en su haber con haber sido el pueblo que primero escribiera una novela contra la institución: *Francisco, el ingenio o las delicias del campo*. Claro está que *La Cabaña del Tio Tom* se publicó antes. La censura en Cuba, que era total y absoluta, impidió ver la luz a *Francisco*. Un pueblo libre, como los Estados Unidos y su gobierno, no pusieron, para bien de la humanidad, coto a *La cabaña del Tio Tom*, cuya repercusión en el mundo fue tanta, que se ha dicho que en Rusia muchos siervos lograron la libertad por la influencia de sus páginas.

Por otro lado, los esclavos hicieron una cala profundísima en el alma nacional, debido a la servidumbre casera: a casa del amo trajeron la igualdad; la hospitalidad; la religión y sus leyendas, entre otras cosas.

Sí, es verdad que en Cuba se decía que «el negro que no la hace a la entrada la hace a la salida». Ello venia de los tiempos de la esclavitud donde los amos y todos los envueltos en la trata trataban de mantener la institución y aprovechaban el temor a una insurrección de los esclavos pregonando lo que le había pasado a los esclavistas cuando la insurrección de Haití.

Así que los cubanos oyeron, mientras existió la esclavitud, cosas como estas, que enfatizo, están en *Cecilia Valdés*. Son un testimonio de la insensibilidad humana.

A tanto llegó la predicación del miedo a los negros, que las leyes españolas estatuyeron que para que hubiera un palenque se necesitaban siete cimarrones. Y decían claramente que no había que temer a que estuvieran tres o cuatro negros juntos porque ello no constituía un palenque. Esto se encuentra, en el: «Reglamento de Cimarrones».

Pero el sentido de igualdad y de hospitalidad del cubano, su formación histórica pudo más. Y si bien se repetía, por algunos — yo, siguiendo el espíritu de mi pueblo no he llevado al diccionario de cubanismo que he publicado ni una expresión racial— si bien se decía: «que el negro que no la hace a la entrada lo hace a la salida», pero muy de cuando en cuando, las voces: «negrito», «mulata» forman parte del lenguaje popular a todos los niveles, desde el más bajo al mas alto, social y lingüísticamente hablando, como expresión de amor y cariño.

Son la forma más expresiva de saludar el cubano. Llevan una dosis extraordinaria de afecto. Vemos a una amiga y le decimos: «¿Cómo — estás negrita?» «¿Qué dice mi negrita?» Lo mismo hacemos con negrito y con mulata.

La igualdad cubana venció a la esclavitud. Venció al horrible clima moral de que hablaba Heredia; de que hablaron los cubanos del siglo pasado. Y así, el hombre de color, lleno de medallas, se sentó en el hogar de los veteranos con sus compatriotas blancos.

# ORIGEN DEL CAUDILLISMO

Indicaba Ortega y Gasset en su libro, *La rebelión de las masas*, la aparición en el plano histórico, en primera magnitud, del hombre masa, ese ser indiferenciado, sin ideas propias, pero lleno de todas las osadías, que ha saltado al primer lugar de la historia, llenándola de basura, para decirlo de una manera expedita y clara.

El corte dado a la historia de Cuba por el Comunismo, ese agente que ha tratado de destruir la sociedad cubana, físicamente y espiritualmente, de desaparecer su cultura, al socavar todas las estructuras de valores existentes en la patria, permitió la inundación de la sociedad cubana, aquí y allá, de escritores sin cultura, sin base para estudios serios; desconocedores de su pueblo; pero de una osadía rayana en el delirio.

Y así hemos oído cosas como esta: «el Caudillismo en Cuba ha nacido del machismo del cubano». Tamaña idiotez, creo que no se había oído nunca en América Hispana. Menos en la patria, donde una de las cualidades más sobresalientes del hombre cubano, y que aún conservamos y conservaremos, fue «el evitar gazapos el intelectual», o sea, el no cometer errores. Para ello tenía que tener una cultura sólida; abarcadora de lo cubano y de lo universal.

El machismo, como el caudillismo, son fenómenos históricos, no privativos de pueblos. Si el machismo es, entre otras cosas, la preeminencia del macho, del hombre en sociedad, éste comenzó en la Edad de las cavernas. Comenzó en la prehistoria como indican los sociólogos.

En Cuba no ha habido «caudillos». Tal vez, Castro, al principio de la Revolución, ofreciendo una utopía y moviendo las ansias de los espíritus hacia esa que cada hombre lleva dentro.

Hoy, cuando se pone en contexto todo lo que la Revolución prometía, se ve como fue posible que se pudieran manipular las masas de esa forma.

He dicho: «tal vez fue un caudillo Castro». Por que yo no creo que alcanzó ésta categoría y la razón es muy sencilla. El Caudillo ha desaparecido. Rosas, uno de los auténticos caudillos latinoamericanos, caudillo no del pueblo argentino sino de la facción gaucha y por lo tanto del campo que asaltaba la ciudad, no tiene repetición. Pertenece a una época: a la del gaucho; a la del campo atacando la ciudad— Barbarie contra civilización—. Por eso Sarmiento hablaba de: «Civilización y Barbarie». Fue, además, un tirano Rosas, pero no como los de hoy. Porque el avance de la tecnología y de las maquinarias de terror que hemos visto, en grado sumo en el Comunismo y en el Nazismo, en el Nazismo y en el Comunismo, no existían en la época de Rosas. Hoy el caudillo es difícil que se vea, sino el dictador que domina con una «armazón policiaca que aterroriza y mata al ciudadano: Pero tecnológica. Integrada dentro de la masificación total que es el estado y donde el único que conserva la individualidad es el dictador.

Hay que distinguir muy bien entre «caudillo» y «tirano», aunque el caudillo devenga en un tirano más tarde: una vez que ocupa el poder. Rosas llegó a ser un «tirano». Trato de aplastar a la oposición con una secta de asesinos: «La mazurca». Dibujada con horribles colores, con goyescos colores, por Echevarría, en su obra: *El Matadero*. Y Mármol en: *Amelia*.

Francia por ejemplo, no fue un caudillo. Fue un tirano y un maestro en el terror psicológico.

He dicho que en Cuba nunca ha habido caudillos. Pintar a Castro como caudillo, decir que tiene carisma, es una falsedad. Castro no es más que un asesino, un tirano que llegó al poder, desde el primer día, con un programa comunista listo para ser puesto en práctica. El programa marxista no surgió sobre la marcha. El programa ya estaba instrumentado. Por eso, cuando habla en el campamento militar de Columbia, vuela la paloma y se posa sobre su hombro. Todo esto estaba preparado.

Es que llamamos «caudillo» al que no lo es. Y es que es difícil definirlo. El caudillo no necesita aniquilar al pueblo como el dictador: el pueblo lo sigue: el caudillo aniquila a la oposición.

El poder del caudillo sobre sus seguidores, es total: como el de un Dios. Necesita algo más que carisma. El carisma puede hacer un líder. Por eso se habla de lideres carismáticos. Pero el líder no es un caudillo. Hay algo en la personalidad del caudillo que hace que los demás hombres se sientan dominados por él. Que se sientan paralizados ante su presencia.

Este es el caso de Pancho Villa, «el caudillo» mejicano. Analfabeto, o casi analfabeto, bestial, era sin embargo conductor de hombres. El caudillo lleva en su personalidad unos ingredientes que hace que los humanos se entreguen a él. Sin que necesite imponer, sobre los mismos, el terror o la fuerza de su voluntad.

Y sus fieles, no saben a ciencia cierta porque lo siguen y mueren por él. Los Dorados de Pancho Villa, lo hicieron hasta el final. No lo abandonaron. Los destrozó la metralla enemiga. Murieron frente a ella. La famosa División del Norte, de Pancho Villa, no desertó: cayó en el campo de batalla. Pancho Villa se quedó solo porque sus hombres fueron aniquilados.

Hay que fijarse que el caudillo casi nunca es nacional. Lo es de un conglomerado más o menos grande de hombres. Pancho Villa, aunque llegó a sentarse con Zapata, otro caudillo, en la presidencia y tomó, junto con él, la Ciudad de Méjico, no tuvo garra, —como tampoco Zapata — para poder dominar a todo el país. Es por eso que el tirano necesita, como Rosas, de una policía secreta; de un cuerpo de asesinos, como la Mazurca de Rosas, que imponga el terror a aquellos que se le oponen.

El Caudillismo brota del instinto de poder. Bertrand de Juvenal, que escribió un libro clásico titulado: *El Poder*, en él y en otros escritos, añadió a la teoría política, la idea de que, «el instinto de poder», se halla en todo hombre.

Que así como el instinto de conservación es una reacción instintiva del ser humano ante el peligro, el instinto de poder es un deseo de mandar sobre los demás.

Este deseo puede ser normal y el hombre buscar el mando —o ejercerlo— a través de medios legítimos, o puede tener una anomalía que es la que vemos en los dictadores como Stalin y Hitler, en que se atrofian, de tal manera, que por mantenerse en el mando o por llegar a él, el ser humano, destruye a la humanidad entera.

Tampoco viene, el instinto de poder, de lo que Bunge llamó: «La Pereza criolla». En su libro de 1903, donde estudio al español, al indio, al mestizo, al hispanoamericano, al gaucho... hoy una obra clásica de Sociología Social, describió a la «Pereza Criolla», la que implica una falta de actividad. Al convertirse en colectiva dio lugar al caudillo.

Leo: «en la pereza colectiva hallo la clave del caudillismo o caciquismo hispanoamericano, curioso fenómeno institucional».

Como se puede notar enseguida, Bunge confunde el caciquismo, casi siempre de carácter local, donde falta la gran hipertrofia del instinto de poder (Este tiene grados y el caciquismo es uno de ellos) con el caudillismo.

Leo: «Entre los indolentes, fácil le será descollar al más activo. Entonces la turba, compuesta de ciudadanos demasiado apáticos para pensar y moverse por si mismo (...) delegan con gusto su soberanía... ¿En quién? —continua Bunge—. En el que mejor se impone por sus cualidades, y el que ha sabido, mejor, captarse la simpatía de todos».

Este estudio del caudillismo, en cuanto a su origen, en Bunge, está errado, como lo es el afirmar que el caudillismo en Cuba nace del machismo cubano.

La confusión de Bunge entre caudillismo y caciquismo nos indica que necesario perfilar que es el caudillo. A eso vamos a continuación.

La figura del caudillo es difícil de definir, por eso es mejor utilizar el método de exposición y contraste, de exponer su actuación, de contrastarlo con el tirano; con el cacique; con el dictador. Porque el tirano y el dictador pueden acaparar el poder total de un estado como el caudillo. El primero es una hipertrofia del dictador. Ambos tienen el instinto de poder como así mismo el caudillo. En el tirano éste se ha hipertrofiado en una forma tal que el crimen, el asesinato, la crueldad más repugnante, son sus características sobresalientes. Se les llama, por muchos, «déspota». Tal es el caso de John Addington Symonds en otro libro clásico: *The Age of Despots*. En español ser déspota no es ser, necesariamente, cruel. Por eso decimos: «¡qué niño tan déspota!» «¡Que padre tan déspota!» En este caso de trata de un abuso de un poder o autoridad.

El Diccionario de Salvador Viada define así al *tirano: (g. despotes, jefe, señor) sm. Soberano que gobierna sin sujeción a ley alguna. «Tirano».* «*Título dado a ciertos príncipes y a los gobernadores de algunos estados de Turquía» figurado. (lenguaje figurado, señalo yo) El que trata con dureza a sus subordinados y abusa de su poder o autoridad.*

*De Caudillo explica: (b.1. capdellus, latin, caput, cabeza.) s.m. El que guía y manda la gente de guerra. El cabeza o director de algún gremio, comunidad o cuerpo.*

Pero volviendo a tirano: la palabra en un principio, en la antigua Grecia, quería decir: gobierno de uno solo. Así, solamente. Esa obra tan famosa que se titula en español: *Edipo Rey*, en griego antiguo es: *Edipo el tirano*.

De conductor lo define el Dr. Guillermo Díaz Doin en el: *Diccionario Político de nuestro tiempo*. En la misma forma que hemos visto; y dice: CAUDILLO: «Es una palabra castiza española que significa conductor».

El Caudillo hispanoamericano —señalo yo—, es un espécimen que no se conoce en Europa; que no se ha conocido en la humanidad. Sus tres máximos exponentes son: Rosas, el argentino; el patrón aristócrata convertido en gaucho; el gaucho de los ojos azules; Pancho Villa y el otro mejicano: Emiliano Zapata, cuyo nombre están tomando ahora los comunistas de la teoría de la liberación para imponer la dictadura marxista en todo Méjico.

Los tres fueron conductores de hombres; los tres fueron hombres de acción. Uno de ellos, Rosas, tenía hipertrofiado el instinto de poder: aspiraba a la dictadura perpetua; los tres nacieron con carisma y para mandar; dos, Rosas y Pancho Villa mataban como tomarse un vaso de agua, y tenían una crueldad infinita. Zapata fue un caudillo mítico: apegado a la tierra; sin ansias de poder; movido por el amor a la Madre Tierra. Todo el pensamiento de este hombre iba en esta dirección: en la unión entre el individuo y la tierra. En que la tierra pertenecía al hombre individual y no a los caciques.

No es fácil como resalta definir al caudillo, pero se pueden dar sus grandes rasgos. Como se ve no todos los caudillos tienen el mismo molde.

Como se aprecia, mucho de los llamados caudillos son dictadores feroces. Son monstruos que sólo tienen una meta en la vida: mandar y matar para conservar el poder.

El caudillo brota pues, en primer lugar del instinto de poder hipertrofiado. Decir que nace del machismo es una ignorancia supina. Que el caudillo tenga que comportarse como un macho, como el más valeroso de los hombres, como el más sexual. (y esto último no siempre en la misma medida) es otra cosa. Hay caudillos en los cuales el instinto de poder bloquea al instinto sexual).

Que no emerge del machismo el caudillo se puede estudiar en Rosas, y sobre todo en su caída. Cuando se vio perdido se acogió, como un cobarde, al refugio de un barco inglés surto en puerto; un crucero de guerra que lo llevó a Plymouth, en Inglaterra. Allí murió el hombre de una crueldad infinita. No de los arranques asesinos de Pancho Villa. Sino de una crueldad planeada, como la de los déspotas del Renacimiento en Italia, que le abrían el vientre a sus enemigos para ver como se movían los músculos y se hacía la digestión. Rosas despellejaba a la gente y dejaba las venas sin protección. Luego pegaba en ellas: el dolor que se produce es un suplicio: un suplicio dantesco.

Pero si el dictador o el dictador con ínfulas de caudillo ha podido como Castro, ha podido existir en Cuba, se debe, por otro lado, a la «admiración de los cubanos» por el hombre fuerte. Un sentimiento que existe en toda la América Hispana. Esto es lo que explica que al General Batista, después del cuatro de septiembre, se le unieran los intelectuales desde Jorge Mañach a Santovenia, y los enemigos como los miembros del A.B.C. los que estuvieron a punto de tumbarlo en una insurrección en la que se apoderaron del Cuartel Maestre, de San Ambrosio y de todas las estaciones de policía de La Habana, hasta ser finalmente derrotados, por el ejército. El A.B.C.

Hagamos historia. Hay en los hispanos una gran admiración por el hombre fuerte. Como hay, al mismo tiempo, un culto sin límites, al héroe. Hay en los hispanos (españoles y descendientes de españoles) una tendencia a la mitificación. El mito es parte esencial del alma hispanoamericana. El mito es español y el mito es, al mismo tiempo, indio. Los españoles mitificaron al Cid antes de morir. Los indios todo lo expresaron con mitos. Por eso, por la raíz española, existe la tendencia al mito en los países que no hay indios, en América, como en Cuba.

El mito hace héroes. Esto se une a que un gran afán del hombre español y del hombre hispanoamericano es la heroicidad. El ser un héroe. Y esto en el cubano es una fuerza histórica que se ha convertido en natural en él. Por su historia.

Y es natural: la civilización española, en España y en Latinoamérica, está basada en la épica. Y esta épica no la hicieron sólo armadas sino hombres dirigentes: reyes y capitanes; líderes de la tropa; los conquistadores verbigracia adquirirían más tarde, la categoría de Hombres-Mitos.

Pero mito fue también el común: los soldados que acompañaban a los capitanes, gente del pueblo: el común. Los soldados que se echaron al hombro los barcos, en Panamá, con Balboa, y los lanzaron en el Pacífico; los que derrotaron a los españoles cruzando las montañas; los llanos; los pantanos, acompañando a los Bolívar; los que derrotaron al Imperio Español y a los franceses: Los mejicanos.

Estos eran hombres mitos, con la conciencia de ser hombres fuertes. No derrotaban, en España, a una nación. Derrotaban al Imperio más grande que el mundo había conocido; al Imperio español, donde el sol no se ponía. Derrotaban a los franceses, que con Napoleón habían conquistado a toda Europa. A los hombres de la Gran Armada. Un pueblo, los mejicanos descendiente de los hombres de la Noche Triste: Hecho de los cadetes de Chapultepec.

América se convirtió en mito. Para Europa América fue un mito. Ahí están los libros y los artículos sobre América de los europeos con americanos de un solo ojo, al igual que el gigante Polifemo; de amazonas.

Todo es épica en el mundo hispano. Los reyes españoles eran reyes soldados. Las tiendas de los Reyes Católicos, estaban frente a Granada no en la retaguardia del ejército castellano. Carlos V fue el «Rayo de la Guerra», el hombre que trató de reconstruir el Sacro Imperio Romano: la monarquía universal de Dante: el Imperio Romano. Representaba, en su totalidad, una épica, el Emperador español.

«El rayo de la Guerra» lo llamaban. Y así lo pinta el Ticiano, el famoso pintor italiano, sobre el caballo. Con el que peleó en toda Europa. Con el que derrotó al rey Francisco 1 de Francia en Pavía. Todo una épica.

Sí, todo una épica. Todo un hombre fuerte. Lo guiaba Dios. Decía él y sus españoles. Soldados eran los poetas. Iban a la guerra. Como Cervantes que se quedó lisiado de un brazo en la ocasión más memorable que han conocido los siglos. Con palabras de este jaez, claro en su estilo alto y depurado, recordaba el Manco de Lepanto la batalla.

Como Garcilaso de la Vega, uno de los grandes poetas españoles de todos los tiempos, que acompañó a Carlos V, en la lucha europea y que murió poniendo sitio a una torre— fortaleza. Murió de un ladrillazo escalando la torre. ¡Los poetas peleaban como bravos en el campo de batalla!

Toda la historia española es la lucha contra el toro: la muerte. Las corridas de toro, el espectáculo nacional, es la lucha contra la muerte. Una épica. El mito ancestral de la muerte que representa el toro. El español está, en esto, sobre el mito porque es, el español, el mito mayor: El supermito.

Toda la historia española, como la cubana, como la hispanoamericana, está llena de actos de heroísmo. Cuando a Guzmán el bueno lo conminan a que rinda la fortaleza, la que está sitiada y en desesperada condiciones, sus defensores, que la rinda o le matan al hijo que está cautivo, desde las murallas le lanza un puñal a los sitiadores. No entrega la fortaleza.

Cuando en la Guerra de Independencia Cubana, el general Sanguily va a la fortaleza de la Cabaña, se encuentra, en Capilla ardiente, a Santo Coloma, uno de los alzados, con Juan Gualberto Gómez, en Ibarra, y le grita: «Santo Coloma muere como un hombre». Santo Coloma se cuadra y responde: «A sus órdenes mi General».

Todo es épica; hombría; lucha contra el toro: la muerte. La marcha de Bolívar, reafirmo, por ejemplo, cruzando los Andes es, es una hazaña increíble. El general, que tiene callos en las nalgas por los kilómetros recorridos a caballo, contempla aquella tropa de indios, zambos, mulatos, blancos, negros, toda América, haciendo épica. Muriendo sin queja. Realizando la epopeya de vencer los Andes, una de las grandes marchas militares de la historia. Todo el mundo se comporta como un héroe. Y miran para Bolívar como tal, pero infinitamente superior a ellos. Acobardarse, flaquear, es deshonrarse.

¿Y qué decir de los Conquistadores como hombres fuertes, como hombres providenciales, no en el sentido de ser dictadores sino de haber sido escogidos por Dios para la misión que estaban llevando a cabo? Porque la conquista de América fue una obra misionera. La religión movía a los hombres que llevaron a cabo, en este continente, una de las grandes gestas de la humanidad.

A pesar de los errores que cometieron, que no fueron mayores que los que cometieron otras nacionalidades, como los ingleses y los franceses, pensaban en evangelizar a los indios; pensaban que ellos, los conquistadores, eran los designados por Dios para ese fin. Eran Hombres Providenciales.

Esta idea de ser Hombres Providenciales, la encontramos, igualmente, en los tercios españoles, la invencible infantería española, que peleó en los tiempos de Carlos V y de Felipe II contra el Protestantismo. Ellos estaban acordes de que recibían órdenes de Dios que les ordenaba estirpar la herejía protestante.

Así que el Conquistador, el Cid y los tercios son Hombres Providenciales, a quien Dios le encargó una misión. Al Cid la de echar los moros de España, aunque muchas veces se aliara con ellos; a los tercios, repetimos, frenar la herejía protestante y destruirla como fin último; al conquistador Evangelizar.

Por lo tanto, el concepto del Hombre Providencial y del Hombre Fuerte, están en la historia española-hispanoamericana. Como está el mito que convirtió a los anteriores en seres míticos.

Sí, todo en América es épica. Por eso recalco sobre el punto. En América, afirmé, todo es épica. La conquista y el descubrimiento son una épica. Elaboro más sobre esto.

Piénsese en lo que es cruce del Atlántico. Aunque Colón creía que la tierra era redonda la tripulación no las tenía toda consigo. Por eso, amenazó el motín en las carabelas, cuando no divisaron tierra. Colón tuvo que prometerles que si no topaban con ella en una plazo prudencial volvería a España.

Represéntense los innumerables días de navegación, con los vómitos; los piojos; el hambre... Todos surcando el mar hacia lo desconocido. Presa, la tripulación de un sinfín de enfermedades: del escorbuto; de las fiebres alternas...

Y después la conquista. La conquista de los «Imperios Gigantescos». Los indios. La conquista de la naturaleza tropical; impenetrable; a golpe de mandoble. Todavía, hoy, en el Istmo de Darién, en Panamá, no se puede con ella: es un valladar infranqueable. La conquista de los mosquitos; las fieras; los indios. La conquista de los ríos; los pantanos; la montaña.

Pero nada detenía a aquellos hombres guiados por Porquerizos, como Pizarro, que era un consumado diplomático, como demostró con su casamiento, a los setenta años, con una princesa incaica; o un Humanista como Cortés; o un gigante como Alvar Cabeza de Vaca; o un lunático genial como aquel Aguirre, que se declaró rey; que descubrió el Orinoco, y todos sus tributarios, con sus «marañones», y que firmaba cuando escribía al rey: «Yo, el traidor», debajo de su nombre.

Guiados por corajudos como Orellana, que oye el ruido del Amazonas, el pavoroso ruido de la desembocadura, y construye una balsa; y se lanza con ella onda abajo hasta dar con el mar, y ser llevado varios kilómetros afuera por la poderosa corriente. Y supervive, como Alvar Núñez de Vaca, que camina del cono Sur a California y pasa años desnudo; alimentándose de hierbas.

Siempre adelante: fundando ciudades; construyendo hospitales; levantando universidades; clasificando la fauna y la flora; levantando catedrales imponentes.

Y las mujeres no se quedan atrás. Hay que leer esas crónicas de las que llegaron a las llamadas «primeras ciudades de América», donde los fangales, los puercos, los mosquitos, no dejaban vivir. Pero vencieron.

Pero siempre dirigiendo un guía. Un guía que quema las naves y al que nada arredra. El que va siempre adelante y al que, algunas veces, como en el episodio de Balboa le cortan la cabeza y la exhiben, después, en una pica; o de un Pizarro que expira sobre la cruz hecha en el piso por sus mano moribunda, con su propia sangre.

La épica que se confunde con la utopía llega a su punto más alto en aquel intento de poblamiento, que relata Rosa de Arciniegas en uno de sus libros. El Rey Felipe II mandó familias completas, de Aragón, a poblar la Antártida. Cuando por fin llega un barco al sitio, después de muchos años, casi todos han muertos. El relato es escalofriante: uno de aquellos campesinos, loco, con la luenga barba por el suelo, desnudo, se abalanza gritando sobre los que llegan. Ni el frío pudo con él. El de la Antártida.

Un Premio Nobel reciente, de baja condición humana, ha ornado su discurso ante la Academia sueca con los mitos que en Europa se construyeron sobre América, a los que me referí al principio de este trabajo. Pero piénsese en los mitos reales, no en los de animales y hombres como basiliscos que pululaban por Europa. Piénsese en las hazañas reales de los conquistadores y colonizadores; de los hombres que vinieron a estas tierras procedentes de la Madre Patria y lo que hicieron; piénsese en Cuba peleando contra el ejercito español de 250,000 hombres y derrotándolo. Mayor que el que España desplegó en Sur América, en la Guerra de Independencia, de la misma.

Y piénsese en la selva — «Oh selva, madre del silencio...— en la selva que retumba, aunque la llamo «madre del silencio y la soledad», en su obra cumbre, José Eustaquio Rivera; en: *La Vorágine*. O en las mujeres que produce el llano venezolano como «la cacique del Arauca»: Doña Bárbara: fuertes; hazañosas.

Uno de los mas inteligentes y completos «intelectuales de América», H. Murena, hoy en olvido, —pero resucitará mañana— hoy en olvido porque fue un hombre que no se dobló ante la mentira y el marxismo, y el izquierdismo que ha construido falsos ídolos en este siglo, que como de barro que son, pronto se convertirán en polvo, en un libro que hace cincuenta años fue muy leído: *El pecado original de América*, escribió lo que sigue: «hay que ir a la selva, para conjurar el horror, para bautizarla con el espíritu, para redimirla con el espíritu...

Habla de una épica conquistadora; de la selva de Quiroga, La selva que devora hombres en José Eustaquio Rivera y en Quiroga: (las palabras de Murena son sobre los cuentos de la selva de Quiroga). Hay que hacer, indica la épica de la selva. Esta tiene que dejar de ser devoradora de hombres, tragadora de hombres; «se los tragó la selva», son las últimas palabras de La Vorágine, para ser conquistada, épicamente, por el homo sapiens.

Mucho más se podría seguir hablando sobre el Caudillo Hispanoamericano. Se podría estudiar al hombre renacentista en todas sus dimensiones, un hombre épico que hacia la historia con su espada, como dijo el Gran Capitán, Don Gonzalo de Córdoba, cuando saqueaba Roma por órdenes de Carlos V. Se podría decir que la épica renacentista vino a América con el Conquistador. La parte de la acción y algunas veces, hasta en Hernán Cortés, el refinamiento de espíritu del hombre Renacentista, que describió ese libro estupendo: El *Cortesano*; de Castiglione.

En Cuba nunca hubo machismo. Pero, además, confundir el machismo con el Caudillo; olvidar la historia y el mito que crean al caudillo, en España y en Hispanoamérica; olvidar al hombre renacentista, indica no sólo la improvisación sino la falta de conocimiento al decir que: «el caudillismo en Cuba» brota del machismo.

# NO ENGENDRÓ NUESTRO PUEBLO
## LOS CAUDILLOS

Leo, muy a menudo, concienzudos estudios sobre el futuro de Cuba. De cubanos preocupados por el futuro. Amantes de la libertad que no quieren ni más continuismo ni más caudillismo en nuestra patria. El caudillismo es un mal universal. Hay una obra, admirable, de Bielsa, superagotada, sobre el caudillismo. Blasco Ibáñez, el gran novelista —aún de los más vendidos de España: sigue a Galdós que es el primero— escribió sobre el militarismo mejicano diseccionando el caudillismo.

Como nosotros. Pero el nuestro, no es como se piensa —ni creo que los otros— producto de nuestro pueblo. Se le ha impuesto a nuestro pueblo. Ha surgido de encrucijadas históricas.

Castro fue un producto de las mismas. Las torpezas políticas de todo un pasado cubano desembocaron en una encrucijada en que un pueblo que sabía que sus calles podían estar empedradas en oro, de no haber sido por la maldita malversación, se dejó engañar por el que hablaba de una vuelta a la civilidad; de pan sin terror.

Se afirma que el caudillo sale de nuestro pueblo; que nuestro pueblo lo engendra.

¿No salió, acaso, Napoleón, un caudillo, de un pueblo como el francés, un pueblo del que llevó la sangre, de los más cultos de la tierra? Que ha dado al mundo las más altas conquistas en todos los terrenos.

¿No salió Hitler del pueblo alemán, uno de los pueblos de más alto acervo cultural del mundo? Que ha producido los tratadistas de derecho del estado, de la teoría general del estado, que son pivotes del régimen democrático, como Jellineck?

Y volviendo a Francia. ¿No aceptó la dictadura de Napoleón el Pequeño, como lo llamó Víctor Hugo desde la remota Isla de Jersey, en el canal? ¿No se fue este pueblo detrás de Berenger, del general Berenger, un tonto de siete suelas?

No me dirán que el pueblo argentino no está formado por gente admirable. Dio a Sarmiento; dio a Alberdi. Ha dado unos constitucionalistas que son del tope de América: Linares; Sánchez-Agesta.

Tuvo que soportar, sin embargo, la dictadura de Rosas y sus mazurqueros, que no «dejaban títere con cabeza» —castiza la expresión—. Y a Quiroga que no se «andaba con pequeñeces».

El caudillo no es engendrado por los pueblos. Eso de que el alemán soporta una bota siempre que pueda poner su bota sobre otro cuello, es una frase hueca. Eso de que el pueblo de Cuba engendra caudillos no es cierto.

Si el pueblo de Cuba es de los más anticaudillistas del globo. Si se ha pasado la vida luchando contra los caudillos. Si es de los más civilistas. Si no fue a una conspiración, —con pocas excepciones— a una guerra, sin una Constitución.

No hay pueblo que ame el caudillismo. La naturaleza humana lo rechaza. Pero la naturaleza humana es dual, como bien ha demostrado, Bertrand de Juvenal, en su obra clásica: *El poder*.

En ella hizo al instinto de poder análogo al instinto de conservación. Si el caudillismo se ve hasta en las sociedades de insectos; de animales.

En nuestras guerras hubo conatos de caudillismo. Pero están todos ahogados por la carta de Martí: «General, no se gobierna a una nación como se gobierna un campamento».

Está decapitado por el gran ejemplo de este general: Pudo haber acabado de un tajo con la Asamblea del Cerro y no lo hizo. Pudo haber sido un caudillo más, logrado el triunfo, y no lo hizo.

Esos muertos que tapizan el camino de nuestra historia, lo han sido luchando contra el despotismo, contra el caudillismo. O sea, el tirano.

Somos un pueblo moldeado en mucho por la dulzura de nuestro paisaje: hospitalario como pocos; reidor como pocos; gozador de la vida honestamente; amador del paisaje y de los frutos de la tierra: café, tabaco, azúcar.

Pero la malversación y el caudillismo nos han levantado siempre en armas. El totalitarismo ha sido siempre un cáncer al que hemos extirpado con un sacrificio heroico.

Surgió, como hemos dicho, de condiciones sociales y políticas. No es inherente al pueblo de Cuba.

Si Céspedes creyó de buena fe en la centralización del mando, sólo en la centralización del mando, no en el caudillismo, Agramonte y otros le oponen la Constitución.

A nombre de la Constitución de mil novecientos uno, de la Constitución del cuarenta, se levantó nuestro pueblo contra los que violaron sus preceptos y se reeligieron. Por muy legalmente que trataron de hacerlo.

Sobre esto volveremos porque es materia de muchos volúmenes. Comprendo la preocupación de los que, ante tanta desgracia buscan a ver si hay alguna falla en nuestro pueblo que explique nuestra terrible historia.

Pero la historia del cubano indica todo lo contrario; que es un pueblo civilista, amigo de la ley. Que quiere una moral administrativa total. Que es un pueblo moldeado por la heroicidad de los mambises; por sus virtudes de paterfamilias. Y sobre todo por el credo ético de Martí.

Un pueblo que se puede parangonar en todo, con cualquiera del globo que haya alcanzado la cúspide.

Un pueblo al que no se, le pueden malversar millones, billones, trillones de dólares como acaba de pasar aquí en el Ministerio de Viviendas y en los Bancos de Ahorros, sin que agarre el fusil. Lo contrario de lo que está sucediendo aquí, donde fuera del escándalo político que se utiliza para obtener ventajas partidaristas no hay una indignación a nivel nacional, como siempre sucedió en Cuba en casos análogos.

# EL CUBANO Y LA VIOLENCIA

Hemos sido un pueblo siempre deseoso de vivir en paz. Siempre hemos querido vivir bajo la norma de la ley. Siempre hemos querido que se cumpla el apotegma martiano de la norma jurídica como primera ley.

No hemos sido, jamás, un pueblo violento. Hemos recurrido a la violencia contra los dictadores cuando han cerrado todos los caminos.

Pero hemos sido, siempre el pueblo del afecto. «De, ¿qué pasa mi hermano?» «O mi tierra, o minfa». El pueblo de «por ti doy la vida». De, «por ti lo que sea». «Tú eres mi socio». «Mi sangre».

No hay para el cubano cosa más importante que, «ser buena gente». «Que ser crema de Managua». «Que ser chévere y mancunchévere». Que cumplir con la palabra. «Que no caerse». Fallarle a alguien.

Eladio Secades hizo, una vez, un ensayo sobre lo importante que era en Cuba, ser «un hombre decente». Y el recordado Álvaro de Villa, dejó páginas admirables, ensayos sobre el cubano. Y recordaba que para el cubano la vida es un viaje de placer: «Guardar el carro». O como dice mi primo Rolando: «entregar el equipo», es morirse. Después de pasear. Todo en risa.

Todo el lenguaje popular cubano está lleno de expresiones de afecto y el del amor: la dama es «cosubé», «cosubesito»; «panquecito de Jamaica»; «mango bizcochuelo»; «caramelito de miel»; «muñequita de Esquire», «Reina del Edén»; «Peter de Armada», «coquito»... en fin todo lo rico.

Y no hay en las letras de las canciones nada que iguale a las cubanas en sentimiento, en devoción a la mujer, antiguas y de la Cuba que dejamos. Siempre el afecto: Patricia que mató a un americano en el yate, fue «mujer adolorida». La canción la popularizó Daniel Santos y se hizo un personaje. El «que celebró las bodas con la muerta», como reza la canción del ayer, fue amado por todo el pueblo de Cuba.

Pero en el lenguaje popular está también la terrible violencia.

110

Hace tiempo dicte, sobre esto, una conferencia que ahora incluyo en el tomo sexto del diccionario de Cubanismo, citando cientos de expresiones que la contienen, desde «partirla» a «partirle la ventrecha» o «pelarlo al moñito».

La violencia sobre nuestro pueblo del ayer y del hoy, la violencia que tiende a matarle la identidad es una verdadera guerra. Es aquella guerra de exterminio de que habla Guillermo Ferrero en su tratado titulado: *El fin de la aventura*, publicado por la Editorial Aguilar y que hoy es una joyita bibliográfica.

Pero la violencia no pudo ayer con nosotros ni podrá hoy. Yo siempre le pregunto a los amigos extranjeros que van a Cuba si mi pueblo ha cambiado. Y me dicen que no: que sigue siendo cubano hasta la médula; hospitalario hasta la médula. Y buscando toda forma de engaño que le permita resistir la violencia. Toda forma de engañar al comunismo. Los mismos "engaños" del "Lazarillo", los mismos de "Pototo"; astucias de la picaresca.

No nos confundamos por episodios ocasionales. Nuestro pueblo es el mismo que dejamos. Ha tenido que simular, para no perecer, porque la crueldad del régimen no se anda con chiquitas y hace lo que en Camboya: elimina a tiros al 90% de los cubanos si es necesario. Esa simulación de la que nos ha hablado José Ingenieros en ensayos memorables.

Cuando seamos libres, Cuba volverá a reír. Como volvió a reír después de la Reconcentración, en que fue convertida por Valeriano Weyler en un gigantesco campo de concentración.

El primer campo de concentración total del Mundo fue inventado en Cuba.

Compatriotas, superviviremos a la violencia. Cuba volverá a reír.

No ha habido pueblo en América sobre el que se haya ejercido la violencia con más denuedo. Hay un ensayo extraordinario de ese gran puertorriqueño que fue Eugenio María de Hostos, sobre la violencia en Cuba. En sus páginas recogió la física y la moral.

Pero no la simple violencia física: la de la porra y el sable, sino la violencia que trata de arrancarnos la identidad. La violencia como la que vemos ahora que quiere borrar «al cubano» y substituirlo por «el internacionalista», por el mercenario sin patria.

Esta es la violencia de los últimos treinta años. No es la violencia, por ejemplo, del tiempo de la dictadura del general Machado. Es la violencia de Tacón y sobre todo de la de Vives, que lo que tratan es de extirpar los más hondos veneros del alma cubana.

Una violencia destinada a hacer del cubano un ser sin espíritu, sin valores morales. Es la violencia comunista. Es la violencia que usó Vives, que con el juego y la vagancia pensó degradar al cubano hasta lo último, mientras usaba la esclavitud con el mismo fin, y el terror indiscriminado para romper el alma.

Porque la violencia es un arma muy bien pulida a través de la historia. ¡Si lo sabrán los pueblos que como el nuestro la han vivido y la están viviendo bajo la férula comunista!

Hemos vivido siempre en la violencia que se ejerció contra nuestro pueblo: huyendo de los piratas con las escasas posesiones que podíamos salvar y con los vasos sagrados de la Iglesia; unas veces cuando nos sorprendían; otras luchando contra ellos y derrotándolos.

Viendo el cadáver de los vegueros en la Loma de Jesús del Monte. Y el estanco que fue el epítome de «la violencia económica», que se ejerció contra Cuba. Sí, hasta violencia económica. La violencia económica que fue rota por hombres de la talla de Arango y Parreño, de Martínez de Pinillos, por la clase empresarial cubana, que al mismo tiempo que la destruía y llevaba el progreso a Cuba sentaba las bases de nuestra nacionalidad. Y hacía los dirigentes de la Guerra Grande. No somos violentos. Como pueblo no ejercemos la violencia. Es contra nosotros que se ha ejercido la física y la moral, por grupitos de cubanos y por el gobierno colonial.

# EL BARRIO CUBANO

En mis estampas he dibujado los barrios cubanos. Y también en mi poesía. Y lo hice porque el barrio es, para los cubanos, nuestra patria chiquita.

Hoy en día se estudia el barrio en las comunidades latinoamericanas, sobre todo chicanas, de Estados Unidos. Hay, pues, toda una filosofía del barrio.

La mía, la nuestra, es la del barrio cubano. Si no hubiese llegado el comunismo yo estaría viviendo en mi barrio viboreño. Nada me hubiera sacado de él. Porque arrancarme de mi barrio es sacarme de mis raíces. Esto se aplica a cada barrio cubano.

Todavía, a treinta y cinco años de la llegada del Castrocomunismo en Cuba, los vecinos del de ayer se siguen reuniendo.

No importa que sea inmenso el barrio, como el de la Víbora. En todos los barrios se formaban núcleos: el de Luis Estévez; y el de Concepción y la Calzada; y el de Párraga y Felipe Poey... Es decir, que por un fenómeno natural, ciertas calles del barrio constituían células. El barrio era así, una totalidad y un conjunto de células.

Los barrios son, históricamente, una continuación de aquellos de las ciudades españolas. En todas ellas, existía el centro y los barrios. Unos rodeando este centro. Otros más lejanos. La Habana, con los barrios de extramuros y de intramuros es un ejemplo total de lo que es una ciudad española.

Estos barrios constituían una unidad: la ciudad, pero eran, al mismo tiempo, microorganismos de la misma. Empezaron en la Madre Patria distinguiéndose por profesiones; por procesiones... Cada uno de ello fue tomando una peculiaridad. Y aunque los habitantes eran de Córdoba, señalemos como orientación, sus entrañas pertenecían, de igual manera, al barrio donde moraban en la ciudad.

El barrio se trasladó a América y, sobre todo, a Cuba. Porque Cuba es la más hispana de las colonias españolas. Contribuyó a ello, en un principio, el ser plataforma de lanzamiento de las expediciones hacia Méjico y la Florida.

Y más tarde, aunque no fue Virreinato, fue uno de los países más prósperos del mundo y por supuesto la colonia más importante de España. Además la emigración del siglo veinte, que recibió Cuba procedente de España, fue mayor que la de otro país suramericano o del Caribe.

Las casas, del barrio, fueron cubanas y españolas. Fue un norteamericano el que hizo la Víbora, así llamado el barrio, porque era lugar donde habitaban muchos jubos; pequeños reptiles cubanos. En estos barrios extramuros comenzó el barrio de arquitectura moderna cubana.

Este hombre, lejos de llevar a Cuba una arquitectura norteamericana, dejó fabricar en el estilo propio cubano, surgiendo así uno de los barrios más bellos de la casa media cubana.

Para nosotros el barrio es todo. En el aprendimos la igualdad: allí jugaban «blanquitos y negritos»; «allí aprendimos el sentido de solidaridad humana»: soy de la Víbora; soy de la Loma del Mazo; soy de Luyanó...

Los muchachos, desde niño jugaban en el barrio. Jugaban nuestros juegos, muchos africanos, como el de la quimbumbia, que denota la pobreza del descendiente del esclavo que tenía que apelar a dos palitos para poder divertirse. El juego consistía en poner un palito pequeño, puntiagudo en los dos extremos, en el suelo y darle con uno grande para que saltara. Se le volvía a pegar en el aire para lanzarlo a la mayor distancia que se podía. Primero le daba un niño y a continuación los otros. La distancia se medía con el palo largo con que se había hecho saltar en el aire al pequeño. Así que uno estaba a treinta palos de distancia del centro donde se ponía el palo pequeño; otro había recorrido más distancia y estaba a cien palos. Quiero decir, entre el centro y donde cayó, cabía el palo grande cien veces. El que lanzaba el palito más lejos es el que ganaba.

Muchos africanos, otros españoles — todos los españoles; todos los que se juegan en España—; cubanos, típicos. Uno de ellos es coger una cajetilla de cigarros, llenarla de tierra dura, amarrarla bien con alambre dulce. Se juega en los cuatro postes de la esquina. Un muchacho se pone la bola en el pie derecho y la lanza con él. Los otros la cogen y la tiran al poste de la esquina; el más cercano hacia el que corre el muchacho. Si la bola da en el poste antes de que él llegue, perdió.

Este es otro juego que muestra como nació por falta de recursos, y como el niño cubano tuvo que apelar a su imaginación. Las guerras de independencia arruinaron a Cuba en forma brutal, y ello espolió la imaginación del niño cubano para crearse un mundo. Así como la miseria de las llamadas: «Vacas flacas».

Hay, pues, una gran asociación entre el barrio y la filosofía cubana del juego. Porque se estaba siempre en competencia. Los juegos de los niños eran para sobresalir: ya fuera el de la viola, el del taco y muchos mas. Hay pues, una gran filosofía de lo cubano, en esto y en la simplicidad del juego. Esta explica mucho de la igualdad cubana ya que los pobrecitos del barrio y los más pudientes jugaban los mismos juegos.

Hay una cosa, sobre el barrio que se debe notar para comprender su filosofía cubana y la filosofía de la igualdad del cubano, en general. Y es que los barrios más pudientes de Cuba, como la Víbora; como el de Santo Suárez, como el del Vedado, tenían muchos solares. Dentro o en sus periferias. Los solares eran casas coloniales que por estar compuestas por innumerables habitaciones se habían convertido en casas, donde en cada cuarto vivía una persona de la más ínfima condición social, en el sentido económico. Tenían un patio enorme, colonial, donde se cocinaba y se lavaba ropa, para supervivir, por los vecinos.

De estos solares salían todas las mañanas innumerables niñitos, blancos y negros que iban a jugar con los de las familias pudientes. Y se compenetraban toda la vida. Eran amigos toda la vida. Pero, además, el contacto personal, desde niños, los hacía crecer como iguales. Este es uno de los puntos que hay que estudiar cuando se analiza el tema de la descriminación racial en Cuba.

La bodega del barrio fue otro centro de igualdad cubana. Los sábados se reunían en ella innumerables vecinos a beber cerveza, a jugar cubilete; ricos, pobres, de mediana posición. Las bodegas forjaban la igualdad cubana.

Los sábados y los domingos, en la bodega, se jugaba dominó por muchas horas. Y estos contactos así como otros entre la gente del barrio en diversas áreas, y a todos los niveles, creó esos ingredientes de la igualdad cubana. La filosofía de la igualdad cubana.

El barrio es todo, y nos daba protección: por esto, un viboreño siempre debe proteger a un viboreño porque son del mismo barrio.

Del barrio arrancan los mejores recuerdos de la vida: esos que nos hacen más buenos; más dulces; más humanos, (que refinan la condición humana): los recuerdos de la niñez.

Porque los barrios cubanos eran paradisíacos. No solamente los de intramuros sino los construidos modernamente.

Recordamos aquellas casas con jardín; portal corrido; corredores por fuera —a ambos lados—; sala; saleta y comedor... La saleta separada de la sala por unas columnas; techos barrocos. Patios enormes. Y sobre todo: la azotea. De esas que describe Raúl Ramos Proenza.

La influencia del barrio en el cubano es inmensa. Por eso, al final de la vida, nos seguimos reuniendo en el exilio, sin fallar, «los del barrio». Desde España u otros sitios vuelan a Miami para estar presentes el día señalado para la reunión.

Es que cada cubano tiene un barrio adentro; un barrio pobretón o de riqueza; o de clase media. Pero un barrio: un imán espiritual que es parte de lo que hizo al cubano.

# LA ALEGRÍA CUBANA:
## CONCIENCIA LINGÜÍSTICA

El recordado Álvaro de Villa tuvo muchas veces intuiciones extraordinarias: en cuanto a cómo era el cubano. En cuanto a la lingüística patria.

Una de éstas fue afirmar que para el cubano la vida era un paseo. En otras palabras: no había sentido trágico en la existencia del cubano.

Y basaba su acerto en el hecho de que en Cuba, decimos al morirse: «guardar el carro».

Ampliando su gran intuición, quiero añadir yo algunos cubanismos que dan el sentido alegre y de goce sensual que de la vida tiene el cubano. La vida es, pues, «un paseo». Tal como afirmo Álvaro de Villa.

No hay tragedia en ellos. El cubano, al morirse, le dice humorísticamente: «Ponerse el chaquetón de pino tea»: «Colgar los guantes»: «Colgar el sable»: entregar el equipo; «Colgar el guante, el bate y la pelota»: «Quedarse con los «espaiks» («zapatos con «spikes» —pinchitos— como los que se usan en el juego de pelota») boca arriba»; «Quedar al campo»; «Quedar pelado al moñito»; «Quedar sin plumas y sin cacareo»; «Fundírsele el ultimo bombillo»; «Lanzar la última pelota»; «No terminar el inín»; (de «inning», en el juego de pelota) «Pichar el último ining»; «Le colgaron un scon» (de «scone»: nueve ceros «en la pelota»). «Lo pasaron sin ficha»; «Se le partió el cigüeñal»; empatarse con Colón fijo y corrido. (Colón es el cementerio de La Habana).

Ninguno de estos cubanismos— y seguimos la línea de Álvaro de Villa— habla de tragedia, la que, como veremos después con otros, el cubano rechaza de plano.

Todos están preñados por un fuerte tinte humorístico o por un aire del mismo.

La gran mayoría de ellos, indican, sin embargo, que la vida es una lucha. Tales son «colgar los guantes» que tiene su origen en el pugilismo

117

(boxeo). Cuando el pugilista (boxeador) se retira, se dice que cuelga los guantes. Termina. De aquí, repito, pasó el cubanismo a ser lenguaje popular: «colgar el sable» que indica que la persona ha estado combatiendo toda su existencia, hasta su muerte.

Tal es, «partírsele el cigüeñal», que indica que la vida es como un carro que ha trabajado mucho por lo que se le parte, por desgaste, el cigüeñal.

Otros cubanismos provienen del juego de pelota. Se han tomado de ahí y se han aplicado a la muerte. Entre estos están: «Quedarse con los espaiks (spikes: dientes de acero de los zapatos) boca arriba» que alude al hecho de que el pelotero, el que juega pelota, se echa en el césped, boca arriba, para descansar. La muerte es un descanso y un juego nos dice este cubanismo; «quedar al campo» que es el caso en que el equipo es derrotado pues ya no tiene más oportunidades en el juego; «lanzar la última pelota» que se refiere al lanzador que se retira del juego en el juego de pelota (base ball); «no terminar el inin» (inning en inglés) que se aplica al lanzador que es sacado del juego en un momento determinado.

Del mismo tipo son: «Pichar el último inin» que se dice del lanzador que en el mentado juego se retira del mismo o al que lanzó el final; o «le colgaron un scon» que se dice, en el juego de pelota cuando el equipo se queda en blanco en el mismo (no anota carreras) se queda en blanco como le sucede al que se muere; «colgar el guante, el bate y la pelota», que sucede cuando el jugador de pelota se retira para siempre de la profesión.

De la misma manera, se incluyen en lo anterior: «lanzar la última pelota», con sus sinónimos «pegar el último sencillo» («el último cuadrangular», «el último triple».

Éstos, como hemos dicho, muestran la vida como juego. La vida y la muerte como chistes se ve en: «ponerse el chaquetón de pino tea» — el ataud—; «quedar pelado al moñito—» con unos pocos pelos en la cabeza; con un moñito de pelo»; «empatarse con Colón fijo y corrido».

En este último cubanismo hay un juego de palabras entre Colón, el cementerio cubano —sito en doce y veintitrés del barrio del Vedado en La Habana— y un juego de azar que regenteaba un banquero famoso llamado Colón, en el se podía jugar a un solo número: fijo-o a dos — corrido.

En «fundírsele el último bombillo» que es elocuentísimo por sí, pues la vida se apagó definitivamente, el humorismo tambien resalta inmediatamente.

La vida es pues, como indicó Alvaro de Villa, un paseo; un juego; algo humorístico. La muerte es la broma final. La gran broma de la vida.

El cubano ha dicho, también, dice continuamente, «que la vida es un tango». Pero no alude con ello a lo tragedioso del tango sino que se refiere al tango: «Cuesta abajo». La vida es «cuesta abajo» o mejor dicho: «se nace para morir».

Esta es la interpretación correcta, a mi modo de sentir, de este cubanismo. Porque el cubano rechaza lo trágico.

Y así lo hemos oído decir: «Ese es un tango con Gardel y todo»: siempre esta hablando de tragedias; es un trágico de marca mayor; «no me vengas con ese tango»: no me vengas con tragedias; «me metió un tango con bandoleón y todo»: me contó una tragedia horrible; «suelta el tango y la bufanda»: no te quejes más; no cuentes más tragedias; «a cualquiera le cantan un tango» en el mismo sentido anterior.

El cubano rechaza lo trágico en cualquier forma que se presente. De aquí, que haya una serie de cubanismos inspirados en unos dramones que se oían por la radio de Cuba. Había uno de Félix B. Caignet titulado: *El Derecho de nacer*. El dio lugar a los siguientes cubanismos.

A los siguientes: «Ser un Félix Caignet cualquiera». Estar hablando siempre de tragedias; ser, alguien, el Derecho de nacer completo»: Tener una tragedia terrible; «Tener más capítulos que el Derecho de nacer: «Este tiene mas capítulos que el derecho de nacer»: No acaba nunca de contar tragedias.

Y de otra novela radial, *El collar de lágrimas* se oye: «Le dicen el collar de lágrimas»; cuenta muchas tragedias. «No me vengas con ese collar de lagrimas»; para la tragedia; «No se sabe donde comienza el collar y termina la lágrima»: Con ese la tragedia es infinita.

Y éste que da el rechazo total a la tragedia: «Si te meten un collar de lágrimas quedas en la página dos» Si te relata sus tragedias te mueres.

El cubano, por el contrario, exalta el goce de la vida: «A gozar la papeleta»: a sacarle el jugo al espectáculo; a la existencia.

«A bailar el trompo hasta que se vaya de cortalazol»; «A meterle a la vida hasta donde el cepillo no toca»; «No sueltes la transferencia»; «A partirle la ventrecha al tango»; «¡Esto es vida, Chaguito!» «La vida es un pedacito de domingo». Todos exaltando la vida.

Y muchos más que demuestran lo que he venido diciendo.

Hasta en el uso de los «latiguillos lingüísticos», nombre que yo le he dado a aquellas oraciones que el cubano repite, sin cesar, encontramos lo anterior. Como: «Esto es Cuba, chaguito», para referirse a que siempre Cuba está de fiesta.

Hay una que es compendio de lo dicho: cuando la vida es muy dura; terrible; el cubano no se amilana. Y exclama: «Aquí lo que no hay que morirse».

Esta es la vida para el cubano y, esta es la muerte. Esta es la filosofía de lo cubano en ambas áreas.

# FILOSOFÍA DEL PARQUE CUBANO

E l parque fue creado por los monarcas españoles que redactaron, en la quietud de los monasterios, o entre el fragor del combate, las ordenanzas para la construcción de las ciudades hispanas.

Fue, por ese instinto gregario del hispano, del que carece el anglosajón, que se convirtió en el centro de la vida nacional.

Un instinto gregario, que en las colonias españolas, supervivió, y que no ha podido matar ni el comunismo en nuestra patria.

Un instinto gregario que se formó en la larga lucha de la Reconquista; en la pelea contra los moros. Se formó en los vivaqueos entre combate y combate.

Se formó en el patio de los castillos; en los puntos de reunión de las mesnadas; en las plazas de los villorrios esparcidos por la inmensidad del campo de batalla.

El parque hispano recogió todo esto. El parque cubano fue síntesis de lo dicho. El parque, sobre todo en el interior de la República, fue el palpitar de la vida nacional. La almendra del alma cubana.

El parque, en La Habana, por el carácter de Metrópoli gigantesca de la ciudad, y por la inestabilidad de la vida política preñada de crisis, nunca tuvo la importancia que logró en el resto de la República.

Pero sobre todo, en la capital porque desde el inicio de la Colonia la vida se desenvolvió sobre el mar. Por el mar llegaba la vida del exterior, como a nuestras bellas ciudades les arribaba de la capital al parque: paradero de guaguas; semillero de cafés; vocerío de pregoneros.

Hasta de barberos. En Santa Clara, frente al Leoncio Vidal había un morenito que pelaba y afeitaba en el soportal. La vida convergía pues en el parque; como convergió en los muelles y en la Plaza de Armas en La Habana.

Por eso, el café: «la Dominica», frente a la Plaza de Armas, hizo historia. De allí partían los compradores hacia los almacenes aledaños al muelle.

El muelle de La Habana, los muelles, para hablar con mas propiedad fueron siempre de una vitalidad enorme. Hasta que se construyó la carretera central, de ellos salía la gran comunicación de cabotaje con el resto de la Isla.

En el interior fue distinto, como hemos visto. Porque, aun en casos como él del Parque Maceo, en La Habana, los objetivos fueron diferentes a los de cualquier parque central de nuestras villas y ciudades fuera de la metrópoli habanera.

Fue distinto. No tuvo nunca ese volcamiento espiritual, el Maceo, de los parques del interior. Fue sobre todo la efervescencia de vida gozosa y alegre, de búsqueda de brisa, de un pueblo que seguía sentándose en el Malecón, y que tertuliaba en los cafés de Doce y Veintitrés o debajo de los leones del Paseo del Prado.

El mismo Parque Central, del que hizo una crónica llena de nostalgia, hace años, Carlos Robreño, en la revista «Carteles» de La Habana, quedó, como me indicaba Carlitos Bautista, por mucho tiempo, como sitio al que acudían los campesinos llegados a La Habana y fotógrafos de maquinitas de trípode.

Pero en tiempos de finales de la República, cuando el indecoroso manejo de los fondos públicos y otros males que afectaron la autoridad y dejaron que el orden cayera en el vació, como el país, a pesar de todo, progresaba y la esperanza de días óptimos aparecía en el horizonte, antes de que la quiebra constitucional pusiera a los cubanos en bandos irreconciliables, se volvió a llenar de luces y de gentes.

Y yo recuerdo aquellas pinturas de Martí y de Maceo que en yeso negro, dibujaban compatriotas de los más maltratados por la vida, en las aceras, y aquel bullicio de alegría que en él se respiraba: en el Central de los días finales Republicanos.

Pero los parques de La Habana tuvieron, como señalo otra historia distinta a los del interior de la patria.

La Carretera Central fue uno de los hitos fundamentales en la historia contemporánea de Cuba. A partir de su construcción, la nación se empieza a comunicarse con facilidad.

Hasta que ella aparece, el ir del interior de la República a La Habana era una odisea. El cabotaje y el ferrocarril eran las únicas vías que disponían los cubanos.

Mi padre, que recorrió como viajante el último pueblo de la República, en sus Recuerdos de Trinidad me cuenta cuando se trasladó a ella desde La Habana.

«Al día siguiente me entregaron pasaje para el vapor Josefita y me llevaron a tomarlo al muelle de Paula. Me dijeron: nosotros vamos por tren hasta Cienfuegos, allí nos reunimos y continuamos viaje hasta Casilda, puerto distante como cuatro millas de Trinidad».

«Salí de La Habana en horas de la tarde, y la primer parada fue en Santa Fe, Isla de Pinos, en horas del amanecer. Desde allí partimos hacia Cienfuegos a donde llegamos el cuarto día después de pasar un mar muy agitado que llaman La Costa de los Colorados...»

Del aislamiento del interior de Cuba, en 1913, es buena prueba estas palabras de papá: «Igualmente, en materia de comunicaciones, estaba Trinidad muy aislada. La correspondencia llegaba por vapor desde Cienfuegos cada ocho días y no había otras vías de comunicación, como no fuera el telégrafo, con el mundo exterior.

Era Trinidad en su vida y sus costumbres, como un santo edén. Todos se conocían y formaban como una comunidad de familia en un ambiente patriarcal.

A la Villa de Trinidad no había llegado aún la contaminación de los vicios y su población era noble, franca y cariñosa».

Todo esto contribuyó a que el interior de la República conservara una tradición criolla y española sin cortapisas y a que el parque, aparte de que no existían muchas diversiones fuera el centro de la existencia nacional.

En los paseos, el parque mantuvo las costumbres de los días de antaño sin variarlos un ápice.

Mantuvo las ilusiones de la juventud. El parque era el sitio en que nacían los amores que se reforzaban en las fiestas del Centro Español o de las Sociedades locales.

El Parque dio rienda suelta a la creación de la cultura nacional. En la tertulia del parque, en efecto, se discutían obras de todo tipo: literarias; médicas, sociológicas. Hubo parques cuyas tertulias se especializaban en temas: ciencias políticas; religión.

Se discutieron, además, los grandes acontecimientos nacionales. En las tertulias se señalaban los aspectos positivos y negativos del país; de la gobernación del país, y se hablaba de planes para hacer una Cuba como la soñó Martí.

El parque tuvo, por otro lado, una importancia primordial en la formación de la nacionalidad cubana: ayudó extraordinariamente a la forja de la misma. A lo que somos: una nación con un ideario martiano y en una lucha constante por el derecho y por la libertad. No un pueblo sin ideales, en vías de formación, como se ha llegado a decir en momentos de profundos abatimientos espirituales ante la historia que nos tocaba vivir.

Sí, el parque es uno de los grandes creadores de la nacionalidad cubana. Es nuestro Cabildo abierto. En él se discutían, como se ha señalado, todo tipo de ideas y se mezclaban todas las clases sociales. En él todos se sentían una parte vital de Cuba.

Perpetuador de la música con aquellas retratas; del folklore nacional con las ferias que en él se celebraban; de nuestra cocina por los dulces caseros que en él se vendían, por los papalotes que en él se pregonaban; de la religión, como la costumbre de vender oraciones y estampas de santos; algunas veces como protección otras para curar dolores. El parque cubano ha sido un punto esencial en nuestra vida como nación; en la felicidad de nuestra existencia.

> El parque cubano y su retreta
> y el paseo de arriba para abajo
> las tertulias sin fin, el contrabajo
> de una existencia de un azul sin veta.
> Sus bancos, guardadores de la letra
> de amor; y de cultura; de nación,
> la banda que bordeaba la canción;
> y el pregón del coquito.
> La Receta para curar el asma y los dolores.
> Con santos pregonando vendedores.
> El parque con su vida, los primores
> de una esperanza franca y de mañana.
> Una patria asomada a la ventana.

El parque cubano siempre existirá y volverá mañana, con el fulgor de días idos, en una patria libre. El parque es parte vital del alma cubana.

# LA FILOSOFÍA DEL BARBERO CUBANO.

Es en las cosas cotidianas, en los tipos populares donde se aprecia mejor, donde se investiga mejor, la filosofía de los pueblos; el carácter de los pueblos.

Yo he dedicado, tratando de conservar para la posteridad las raíces cubanas, ante el asalto comunista, he dedicado varias estampas al barbero. En ellas se puede ver como era el personaje, mucho de su filosofía. Hoy voy a seguir indagando en el tema.

He dicho que el barbero es uno de los personajes básicos de la vida cubana. Hay, siempre, en el recuerdo del cubano, el barbero que toda la vida le cortó el pelo; le convirtió el bozo en bigote.

Hay con él, una franca afinidad intelectual. Hay un gran cariño. ¿Por qué?

Por muchas razones. Una de ellas fue que la barbería cubana era un remanzo de paz y de alegría. No es el sitio grave, como sucede en Norteamérica, por ejemplo, donde todo es impersonal. Donde trabaja un barbero que no habla.

A la barbería se iba a descansar el espíritu. Nada de turnos. Llegaba uno y se sentaba el tiempo que fuera necesario. Inmediatamente, todo el mundo le saludaba. Y le preguntaba por la familia completa: «¿Cómo estás tú?» ¿Cómo sigue tu abuelita? ¿A tu tío se le quitó el flemón?

El barbero o los que allí estaban, dos o tres, cada uno preguntaba al recién llegado; por su salud; por sus estudios. Era uno más de la comunidad barberil. Allí, en aquella barbería, se había pelado el papá; y tal vez el abuelo. Y ahora se pela él y más tarde se pelarían sus hijos.

Porque aquello era la barbería del barrio y en el habían vivido, en la misma casa, porque el cubano no cambiaba de casa ni de barrio, en el habían vivido toda la vida. Era la barbería del barrio y el barbero del barrio. Era, simplemente, una institución: «Amado» el barbero.

Amado pertenecía a la familia —de ahí esa unión con él— porque Amado, o su papá, habían intervenido en los grandes acontecimientos de la familia. En acontecimientos pequeñísimos, que parecen tontos pero que no lo son, porque dejan, sin que uno lo repare al principio, honda huella en la vida del hombre.

Acontecimientos como cuando llevaron al niño a pelar por primera vez y formó tremenda tángana. Fue Amado el que le corto el rizo que la madre guardó todos los días de su vida en un pañuelo de hilo perfumado. El rizo rubio de alguien que después no fue tan niño sino un punto filipino.

El barbero quedaba, así, incorporado a la familia; era parte permanente de ella.

Tan permanente que el cubano no se dejaba tocar el pelo por otra persona que no fuera su barbero. Su barbero era personal.

Era el único que sabía como darle los cortes; como arreglarle las patillas.

Por eso, cuando se salía de la patria por algún tiempo, entre una de las preocupaciones del cubano estaba el de pelarse». —Figúrate, me voy por tres meses. No me puedo pelar» «—Yo tú no me preocupaba. Dicen que en París hay barberos fabulosos». «¡Que va!, contestaba indignado el cubano al amigo, ¡que París ni Paris! ¡Cómo Perico no hay quien me corte el bigote!»

Y el cubano regresaba a su tierra, peludo a más no poder. No hubo fígaro extranjero que le tocara la caballera. Y enseguida iba a ver al barbero. La primera visita era para él. «Perico, ahí te traje todo el pelo. Arriba con él». Y el fígaro sonreía complacido.

Inmediatamente el barbero le contaba al cubano lo que había pasado en el barrio durante el tiempo que estuvo ausente. «Mira Carlos, — se tuteaban aunque el que pelaba fuera el Presidente del Senado— dicen que el gallego bodeguero está casado en España y aquí. Y que la mulata le pega los tarros con el carbonero. Además, el hijo del cobrador de la luz está sospechoso».

El que se pelaba contestaba en la misma intimidad y muy bajito: «Perico, yo lo tengo en estado de observación hace mucho rato. Es de familia. El tío que vive en la Salud es de apellido... (Y le susurraba la palabra al oído a Perico que con la mano de la tijera baja se inclinaba sobre él)

El barbero llegaba a tanto en la intimidad, que le recogía llamadas de mujeres al cubano, y le daba consejos: «Josefa está muy buena pero no sirve pa na. Eso es cacafuaca. «No dejes que te vaya a enredar y que tu esposa se entere. Va a sufrir mucho». El cubano alardeaba: «Gracias y ni te preocupes. Yo me las se todas». E indagaba por el número de la charada». «—¿Soñaste algo?» «—Hace tres noches que sueño que me como un chivo». «Pues el sueño, Perico está fácil. Mira, aquí tienes diez pesos. Dile a Bonifacio el apuntador que me le ponga cinco pesos fijos y cinco corridos al veinte y ocho. Hoy me lo como: gano de todas maneras. Te llevo con cincuenta pesos. Y vigila si entra alguien en casa de Josefa».

«—Ni te preocupes que desde aquí la veo. Le tengo puesto los ojos y te cuento todo».

En Cuba, debido a esta intimidad, existió el barbero que pelaba en la casa.

Era todo un señor y su clientela de primera: comerciantes, representantes, senadores... Políticos, sobre todo, que no se sentaban en el sillón para huir de las peticiones que enseguida le venían arriba.

Este barbero era mirados, por todos, con admiración. Tenía acceso a la casa. Y a la mayor intimidad del cubano. Tomaba café. Se le trataba como uno más de la familia. El día de su llegada, desde la señora de la casa, al caballero que se pelaba, a los muchachos, la ansiedad era grande. Era como si llegara un mago. Para el cubano como si llegara un confesor.

Y ello explica, esto del confesor, la naturaleza del alma del cubano. No hay espíritu mas abierto; no hay nadie que haga mas rápido amistad. No hay quien se abra con más prontitud. No hay quien trate con más igualdad.

# LA FILOSOFÍA DEL CAFÉ CUBANO

El café cubano nunca desapareció de la vida nacional hasta la llegada del comunismo. Cuba, tan española, se aferraba al pasado y lo combinaba con el presente y el futuro. Avanzaba hacia éste con fuerza demoledora pero seguía manteniendo la solidaridad humana en los viejos cafés de mármol de la calle Lagunas, o en: «El Porvenir», con su café con leche, uno de los mejores de La Habana; sus dulces criollos y españoles: dulce de leche a la criolla; arroz con leche; natillas...En: «El Porvenir» de la calle Infanta.

La calle Infanta, desde Carlos Tercero en dirección al mar, estaba poblada de estos establecimientos. Pero ya no eran como: «El Porvenir»; ya no eran los modestísimos de la calle Laguna y otras de La Habana.

Ahora se trataba de los antañosos cafés que vemos en las viejas revistas españolas y francesas, de comienzos de esta centuria, llenos de lujos y con sus vidrieras fronteras, y sus exhibiciones interiores junto a la cristalería, a los grandes espejos que inundaban las paredes, exhibiciones colmadas de «cakes»; y de cajas de bombones con escenas: campestres; bucólicas; del siglo diez y nueve. Los cafés españoles copiados de «la Belle Epoque», aquel movimiento espiritual, francés, que terminó con la movilización de la Guerra del Catorce; los cafés españoles con la magnificencia del fin del siglo diez y nueve, cuando Europa había alcanzado la estabilidad de una burguesía que recordaba los tiempos de esplendor de su origen, y los de sus eclosiones, que añadieron de lo más granado en pintura; en arte; en música, a la Cultura Occidental.

Estos cafés de la Calle Infanta, más propiamente de la Calzada de Infanta, una de las grandes avenidas de La Habana, no eran de tertuliadores —como los otros citados— sino sitios de recreo de familias; lugar de esparcimiento de las mismas.

Pero en los cafés de las cuatro esquinas de Doce y Veintitrés, junto al cementerio, y en «El Carmelo», frente al Auditorio, la burguesía cubana: sus intelectuales y políticos, sus estudiantes, establecieron tertulias que hicieron historia y que estaban allí cuando llegó la noche negra de la dictadura marxista.

En el Prado estaban los cafés al aire libre: se reunían gente de innumerables niveles sociales con orquestas que tocaban hasta bien entrada la madrugada. Orquestas de mujeres: «Ensueño», de Guillermina Foyo; «Anacaona»... Estaban otros como; «El Senado», modesto, interior, frecuentado por políticos pues daba frente al Capitolio.

No estoy haciendo un recorrido por los cafés de La Habana ni del interior. Sería esto interminable. La historia de los cafés cubanos desde «La Dominica», en la Plaza de Armas hasta el mas pequeñín y modestuco de los barrios habaneros, requiere cientos de páginas.

Lo que quiero hacer ver es que los cafés eran el centro de la vida nacional. Lo que quiero dejar ver que el cubano ha sido un pueblo que ha guardado el pasado y que se ha nutrido de él, aunque sea un hombre extraordinariamente moderno, como lo demostró, haciendo de Cuba uno de los primeros países del globo. Construyendo en el exilio de ayer— La Emigración heroica de nuestro Martí— y en Exilio de hoy, en el Exilio Histórico, ciudades y movimientos culturales; y literatura que expresan su vitalidad material y espiritual. La del pueblo cubano.

Lo que quiero expresar, aparte de este sentimiento del cubano, de esta filosofía del cubano de estar unido a una historia vital, a un pasado vital, lo que se ve en el café, lo que quiero expresar es que el cubano es un pueblo gregario, de gran solidaridad humana; abierto.

Lo que quiero expresar es que el café denota, que el cubano no tiene ese individualismo huraño que le hace rechazar, a otros pueblos, a sus compatriotas. Es todo lo contrario: es un hombre, como indica la filosofía del café; que los busca; que comparte con ellos la vida nacional.

Todo, en nuestro viaje histórico, demuestra que somos una nación con un ideal común, y que siempre hemos estados embarcados en su mejoramiento y en sus grandes, por lo tanto, empresas colectivas. Las cosas más pequeñas, como la integración espiritual del cubano en el café, lo demuestran.

La filosofía de una nación no está sólo en lo grandioso sino en los pequeños detalles del vivir, en esas manifestaciones de la existencia como es la presencia del café en el existir de un pueblo. Por eso el café cubano es digna expresión del alma de todos nosotros.

La nación no se forja sólo en los campos de batalla. La nación se forja en los actos cotidianos de la vida dentro del pueblo. Y nosotros, los cubanos, y el pueblo cubano se fue haciendo así, como lo prueba la filosofía del café; como lo prueba las reuniones en los parques en nuestra capital; en nuestras villas; en nuestras ciudades.

Cuando nos reuníamos en Cienfuegos, en su parque, o en Guantánamo en su parque o en Guines, en su parque, cuando por la noche colmábamos el Parque Maceo, frente al mar, y allí nos sentábamos, incómodos muchas veces, en su suelo, a soñar, a reír, a hablar, a intercambiar opiniones, estábamos demostrando una empresa colectiva: la empresa de forjar el espíritu de la nación aún más; de consolidarlo aún más.

La nación es unidad de propósitos no unidad de líderes. La nación es el conjunto de creatividades y de opiniones que se funden en un destino común. La nación no es una colectividad como un rebaño.

Y por donde quiera que se mire, se verá que el pueblo de Cuba ha combinado el individualismo de la persona, su creatividad, su ser, con el destino común de la empresa colectiva: desde la guerra al café; al parque. Y esto es lo que nos ha hecho enormes en la historia.

# LA FILOSOFÍA DEL GUAJIRO CUBANO

Ahí va un guajiro macho». Así dice la frase popular. Es decir, la frase salida de la profundidad del alma cubana. Y caracterizada por su plasticidad. Y sobre todo por no llevar ninguna mixtificación.

«Un guajiro macho» es un guajiro de verdad. Un campesino cubano. Pero es un guajiro, al mismo tiempo, de acrisolada virtud. En el que en este terreno no tiene ninguna falla.

Este hombre es Liborio: un campesino cubano y la representación del pueblo cubano. Es un ser que vivía en pobres condiciones. Era el gran olvidado de la República. A pesar de que era el que, con los negros esclavos, había nutrido, y con los chinos, en una mayoría, las filas del ejército libertador.

Se había hecho en el campo cubano, aislado por completo de la civilización.

En la Cuba en que se forjó el campesino cubano no había comunicación con la ciudad. Existía sólo con la naturaleza cubana. Para subsistir se necesitaba, además, trabajar de sol a sol.

Nació, así, un hombre de costumbres morigeradas. Que se acostaba con el sol muriendo, y se levantaba de madrugada para evitar, durante la fajina, las inclemencias del tiempo.

Se creó, de esta manera, un culto ferviente por lo inmediato: por la familia; por el amigo; por la naturaleza; por la tierra sobre la que se vivía.

Sé era como el pedazo que se araba: duro como; enteco como ella. Fuerte como ella.

Se creo así un folklore peculiar: la décima devino expresión del alma del campesino cubano.

Una décima que fue crónica de sucesos y de amor.

Esta décima está integrada en la naturaleza cubana y en el sentimiento. En su expresión utiliza un sistema lo más cerrado posible estructuralmente pero que dice lo máximo. Es la sabiduría del guajiro, un hombre de pocas palabras, que pasaba el día sobre el surco, sin utilizar su medio anímico, continuamente, como el citadino.

Es un hombre de refranes: «jubo que se amotina es serpiente»; «sitiera que invita a entrar déjala pasar»; «cuerpo que pide cama no sirve para sabana»; «quien mucho mete a la lengua no siembra»; «el que florea al cantar no sabe trajinar»; «el floreo es marabú y sijú» (el sijú platanero pudre el plátano abriéndole huequitos), es decir, de sentencias que llevan una enseñanza vital.

La décima es, por lo tanto, como el refrán: corta en la expresión pero llena de meollo. En ella, el guajiro, que vive una existencia rodeado de lo tacaño; de lo pobre; lo que le obliga a que utilice hasta quijadas de buey como instrumento musical o latas para obtener ritmo, porque poco tiene a mano, en el refrán, en ella, da rienda a la riqueza enorme de su espiritualidad y de su sapiencia.

Y la décima la hace expresión del alma nacional. Lleva el campo al cubano, lo fortalece en el combate de la independencia. Se convierte en su gran vehículo expresivo y de combate. Porque la décima es arma de combate; de competencia.

Por eso, el Dr. Fernando Fernández Escobio, en un artículo publicado en el «Diario de las Américas», en abril de 1993, titulado: La décima: fuente de raíces cubanas», escribía con toda propiedad: «Se vincula a la décima con el inicio de las primeras manifestaciones de las raíces de la nacionalidad cubana como expresión de rebeldía, contra la opresión extranjera.

Fue la Marquesa de Justiz de Santa Ana, a quien se le atribuye la redacción del «Memorial dirigido al Rey Carlos III por las señoras de La Habana», ante la indiferencia de las autoridades mientras el pueblo luchaba contra el invasor inglés, la primera mujer que desbordaba su alma cubana, en emotivas décimas en las que evocaba la patria enajenada».

El Guajiro nos legó el amor a la naturaleza porque la décima la canta fundiéndose con ella; nos legó la perseverancia de que damos ejemplo. Ahora mismo: llevamos treinta y cinco años en el exilio, pero no cejamos hasta regresar a Cuba; hasta alcanzar la libertad. Es la misma labor infinita del guajiro sobre el surco, con un sol de campo que abraza, cantando su décima y seguro de que la cosecha será fructífera.

El guajiro es duro como la yaya; como el jiquí. Así somos nosotros los cubanos. Nos vino de él. De los protomártires de la independencia cubana: aquellos vegueros que se alzaron contra el estanco del tabaco. Nada nos vence como sucede con el guajiro al que nunca lo derriba la lucha; la Fajina como decía el Cucalambé.

Al campesino— guajiro cubano— se le identificó siempre con la patria. Si se lee el soneto de Esteban Pichardo titulado: *Soy cubano*, al que se describe no es a un hombre de la ciudad sino a un cubano de tierra adentro; a un campesino.

Tanto ha pesado el en la historia patria, el guajiro que hay, en Literatura, un movimiento Nativista, cuyo máximo líder es Nápoles Fajardo, «El Cucalambé», cuyas décimas son los redaños del paisaje cubano, del hombre campesino: el campesino, el guajiro y el paisaje como prototipos del cubano en general.

Y cuando se llevó al guajiro al teatro vernáculo fue siempre una figura que no entraba en «manengadas» ni componendas. Y que con su palo de guayabo le daba dos o tres "zurriagazos" al que tratara de irle con deshonestidades. Y así apareció, igualmente, en las caricaturas durante los años republicanos.

# DE LA BELLEZA DE LOS BARRIOS CUBANOS

E ran bellos los barrios cubanos. Eran barrios antañosos con edificaciones monumentales, como las de la Víbora; como las de la Loma de Chaple; como los de las casas del Cerro, aquellas que nunca olvido de la calle Domínguez, con sus salientes de agua; sus desaguaderos, con sátiros clásicos, con figuras mitológicas.

Como las del Vedado. Eran barrios todo, los de La Habana de intramuros, los de La Habana del ayer, los de Condesa, o Lagunas, o la Calle Habana, o Amistad, o Salud, como los nombrados en el primer párrafo: cargados de leyenda.

Las casas tenían el espíritu de lo durable. Por lo fuerte de la fábrica. Por lo viril de los cimientos; de sus zapatas.

El español que fue el que construyó las primeras y nos dejó el legado a los criollos hizo de su hogar una fortaleza de espíritu. De durabilidad para sentirse resguardado tras sus muros.

Y era natural. Respondía a su psicología de guerra. Por siete siglos España batalló para arrojar a los moros. El español se acostumbró, como los nobles del Renacimiento, más tarde como las iglesias del arte románico, a construir no sólo para vivir sino para defenderse de sus enemigos.

Pero España le agregó, al hogar, el señorío. Le añadió el arte barroco en lo que tiene de soberbia y de imposición.

Porque el barroco no es en España, sólo arte religioso. Es arte de conquista. Sus líneas enrevesadas muestran la historia de España. La fortaleza que se desprende de del mismo: la de la tierra española.

Y la llevó a las residencias coloniales. No a las primeras casas de mamposterías de La Habana, las que mostraban lo mas primitivo de la construcción de campaña, del castillo, sino a las portadas de las que siguieron, para indicar que el que entraba allí lo hacía a un hogar-fortaleza espiritual y a un hogar con señorío.

De este señorío brusco y brutal, hasta brutal, del barroco, se paseó, en Cuba, al hogar-disfrute. Al hogar árabe, tomado del moro. Se pasó a la magnificencia y lo gracioso, en su arquitectura, de los hogares árabes.

Pero siguió persistiendo la casa fortaleza; la casa enorme; levantada hacia el cielo, como esas que se ven en la Loma de Chaple: en la calle Luz.

Tienen, sin embargo dentro, en los decorados de los techos un barroco, que lo es en cuanto a la aglomeración, pero cuyos detalles esculpidos con una gracia extraordinaria: frutas, ángeles, muestran, el gusto por la vida y la suavidad del rococó con el que casi se mezclan.

La casa andaluza (árabe) se posesionó de los barrios de intramuros cubanos. Las vemos en todos ellos: por Amistad; por Trocadero... Son esas casas de las que ya he hablado en otros ensayos.

Casas con el patio interior al que dan los cuartos. Con los muebles de mimbres esparcidos por él para el descanso o la conversación.

Con los arcos de medio puntos: con el color de las frutas cubanas. Con las arecas en los rincones.

Se posesionó inclusive, de los apartamentos pequeñísimos de La Habana Vieja. Los patios amplios de Trocadero, de Salud, de Amistad, de Condesa, se convierten allá, como he señalado en otro estudio, en reducidos espacios cuajados de macetas colgantes, con plantas que caen al piso; con jaulas de canario.

Y siempre la areca y la mecedora de reposo confeccionada con el mimbre cubano.

Lo andaluz invadió por completo barrios residenciales como el Cerro. Ya no se trata de casas sino de casas quintas.

El criollo, en estas casas, ha injertado lo andaluz con lo típicamente cubano. Ya no hay patio interior sino patios a todos los lados, con enormes canteros.

Ahora la casa ha dejado de ser fortaleza y se ha convertido en quinta de reposo y de recreo. En la espiritualidad del disfrute.

Detrás de ellas está el cuarto de los criados. Con todas las comodidades de lo moderno o de lo de la época.

Y si no queda espacio entre las casas para los patios en el Cerro, estas casas-quintas, como muchas de la Víbora tendrán, en el traspatio, el mismo. Sera ahora una réplica del campo cubano. Con su palma, muchas veces; con sus árboles frutales; con su platanal.

Los muros, en las residencias viboreñas a la usanza española: de cantería y repello; de esos que se ven sobre todo en Galicia. Estarán cubiertos de botellas de distintos colores, rotas, para evitar la intromisión.

La casa es un coto cerrado que como el espíritu del dueño lo abre al ajeno cuando el propietario quiere.

La idea de la fortaleza espiritual se filtra aquí, pero se une a los colores y a las radiaciones de los mismos, a la paletada de tonos que forman cuando el sol los penetra entre el follaje de las plantas que por los muros raptan o que están el traspatio.

El arco de medio punto en las casas de los años veinte, de la Víbora se traslada, a esas botellas multicolores, de los muros. Ya no están en el interior como en el Cerro porque la casa no se mira como cosa campestre, como sucedió en el Cerro.

La casa, del Cerro es de portal enorme. Frontero. De la entrada de la calle a el hay un gran espacio de jardín con sus cuadrangulares arretes.

Estos jardines, con estos arretes triangulares y matemáticos, iguales, corren por sus lados. La casa está rodeada de ellos. Dentro el corredor central que parte de la sala y las habitaciones enormes a ambos lados.

Detrás el comedor y la cocina. Los techos algunas veces de viga. Influencia castellana.

La casa, como es quinta está abierta a los aires del campo en el Cerro. El barrio se integraba más en el campo que en la ciudad.

El Cerro fue dejado atrás por la ciudad que siguió creciendo, pero ahí esta su arquitectura como muestra de la filosofía del cubano.

# LA LÓGICA Y EL RACIOCINIO
# EN EL CUBANO

Gente interesada o sin cultura ha lanzado la idea de que el cubano es un ser que no piensa. Que se guía por la pasión. Que no entra en el meollo de las cosas.

Esto lo he oído en Cuba y en el Exilio afirman que le gusta la buena vida, y que odia el trabajo. No se prestaba atención en Cuba por las personas a que me refiero al desarrollo, sin precedente en otras partes del mundo, que lograba la nación.

No se ponía atención de que iba Cuba ocupando un lugar cimero entre las naciones del globo. A pesar de que había terminado completamente arruinada cuando la Guerra de Independencia. Que había quedado reducida a cero.

Este estereotipo del cubano que parte de la Colonia, y que fue lanzado por las autoridades españolas con el fin de mantener, sometida a Cuba, subsistió hasta la salida de los cubanos de ella, con motivo de la toma de la patria por el Comunismo Internacional.

El enorme triunfo cubano, no logrado en tan pocos años por ninguna emigración en este país, ha demostrado lo fácil que es crear una falsa imagen de cualquier pueblo.

Y así, nos encontramos, que el cubano, que ha dado, desde el siglo XIX de los mejores ensayistas de América, que ha sido un constante indagador en múltiples áreas del saber humano, que ha sido uno de los grandes ensayistas políticos del globo, era juzgado como un ser superficial. Inclusive por sus propios hermanos, como vemos en el famoso libro: *Cuba y su evolución colonial de Francisco Figueras.*

En *Cuba y sus jueces* de Raimundo Cabrera es donde se rebaten todas las falsedades escritas sobre el cubano, propaladas por las autoridades coloniales, por la Metrópoli, sobre el cubano. Este libro es el testimonio más fiel de la grandeza de los cubanos y rechaza el estereotipo creado por las campañas de los enemigos de Cuba, especialmente sobre las falsas interpretaciones del relajo y el choteo del cubano.

Cuba da en el siglo XIX de los mejores ensayistas de América. Muchos de ellos figuras de enorme magnitud, como José Antonio Saco (1797-1879) y a uno de los más grandes del género, a José Martí (1853-1895).

Los ensayos de este siglo son magistrales: los de Saco sobre la vagancia, sobre el juego; los de Domingo del Monte (1804-1853); los de José de la Luz y Caballero (1800-1862); los de Félix Varela (1788-1853), para citar sólo algunos de los pensadores. Porque hay una pléyade de ellos que en distintas materias, desde la sociológica a la política, pasando por la pedagogía y la medicina, dejaron de los mejores ensayos con que cuenta el Continente.

Si uno de los ingredientes del género consiste en «el arte de pensar», es decir en el estudio mediante el intelecto, de manera completa y profunda, de un tema, no hay duda de que Cuba, en el área, buriló obras maestras.

Con Martí llegó en Cuba, el ensayo, a la cúspide. ¿Hay acaso un ensayo de más envergadura política que el Manifiesto de Montecristi? Es un Ensayo-Manifiesto, de una hondura, en el terreno de la política y de la gobernación de los pueblos, extraordinaria.

Con Varona, el ensayo cubano, caminó por los mismos caminos. El patriota, el filósofo, el pensador, el analista, se nos dejan ver en los que publicó; en los escritos que mostró los males de la patria; sus grandezas; las lacras sociales y el horrible sistema de violencia colonial que la subyugaba pero que no podía aniquilarla. Son obras maestras sus ensayos.

Por donde quiera que hurguemos en la historia de Cuba, encontramos, en lo más alto del ensayo en América, pues, una serie de plumas, unos patriotas que son, al mismos tiempo, pensadores hondísimos y cirujanos literarios de fino escalpelo.

Encontramos a Manuel Sanguily (1849-1925); a Jesús Castellanos (1879-1912); a Luis Rodríguez Embil (1879-1945); a Fernando Llés— poeta extraordinario; pensador cuyos libros *La sombra de Heráclito* y la *Escudilla de Diógenes* y otros, fueron leídos a profundidad por mi generación; a José Antonio Ramos (1885-1946), políticamente extraviado, pero su libro: *Manual del perfecto fulanista*, muestra su agudeza, su talento anchísimo; a Fernando Ortiz (1881-1964) un sabio en toda la extensión de la palabra, aunque políticamente erró el camino, más conocido por sus estudios sobre el negro cubano, pero jurista de talla elevadísima; antropólogo que no sólo cubrió el tema negro sino otros, con una maestría que mostró, su hondura como pensador y su extensísima cultura.

Toda la historia cubana a partir del siglo XIX está llena de ensayistas. Agruparlos formaría un voluminoso volumen.

No sigo trayendo nombres, super ilustrísimos, — piénsese nada más en Medardo Vitier; en José Chacón y Calvo; en mentalidades portentosas— porque no acabaría nunca.

Ni hablo de revistas como *Revista de Avance* y sus congéneres, que reunieron a una generación de ensayistas, porque ello es labor de varios tomos.

Si, he citado a unos pocos, es únicamente como ejemplo demostrativo de que hay una seriedad en el cubano, una seriedad en el pensamiento cubano, que llega a sus más íntimos hondones; a sus más íntimas rías.

Y una cultura superiorísima. El espectáculo que vemos hoy por ahí, en que osados, desprovistos de los menores conocimientos, hablan de lo humano y de lo divino, se debe a que con la llegada a Cuba del Régimen Comunista se rompieron las estructuras de valores tan bien cimentadas en la tradición.

El espectáculo de hoy, aquí y allá, en cuanto al asalto de la cultura patria por mediocridades de toda laya, es propio de toda revolución que barre o que intenta barrer con un pasado. De todo destierro masivo como el que vivimos hoy.

Yo no estoy criticando a nadie porque no hay nada más bajo que la crítica personal. Me estoy refiriendo a un fenómeno histórico, acaecido en el exilio cubano y en Cuba, al destruirse todos los valores jerárquicos y todas las instituciones del ayer.

Y valorarse la inteligencia y sus creaciones no por su valor intrínseco sino por la subordinación a la llamada Revolución Cubana.

Así que la primera característica de los ensayistas del pasado era una cultura enorme que les permitía relacionar campos diversos y entender los fenómenos de Cuba: sociales; políticos; culturales. Que ser culto no es aglomerar conocimientos sino poder hacer el engarce entre áreas al parecer disímiles. Conocer el tiempo ido, en su historia y «pequeña historia», o la interhistoria de Unamuno y el presente. Saber penetrar en las raíces del tema tratado.

En segundo lugar, los ensayistas cubanos han sido siempre personas de un gran intelecto y de una gran capacidad analítica. Esta capacidad analítica ha ido unida al enfoque de los problemas que tratan en sus ensayos no con la pasión sino con la razón.

En tercer lugar, aunque han brillado en todos los campos, desde el científico al literario, han producido la mayor cantidad de ensayos en el coto de las actividades políticas.

\*\*\*

Entre los pueblos que han manejado las ideas políticas, que las han analizado con más efectividad, se encuentra el cubano. Ello se debe, a mi entender, a dos razones: la una tiene que ver con la necesidad de crear una nación y unido a ella la conciencia de la necesidad de la Independencia.

Los cubanos, para ello, amasaron una élite, desde el Seminario de San Carlos y el Colegio el Salvador, que regenteó, en sus inicios y formación, el santo laico de José de la Luz y Caballero; el célebre Don Pepe.

En una sociedad donde imperaba la horrible esclavitud, un fenómeno de terribles consecuencias para el que la sufría: el esclavo; y para todo un pueblo. Todavía, en Estados Unidos, estamos sintiendo los efectos de la de aquí.

Y en Cuba, donde a pesar de sus grandes logros, de sus logros de cúspide — los Maceo; Juan Gualberto Gómez; Morúa Delgado; Quintín Banderas, para citar unos pocos hombres de color que son monumentos patrios— y en Cuba, donde el hombre de color ocupaba económicamente y en otros sentidos, el estamento más bajo de las capas que formaban la sociedad cubana, la nación cubana, hoy es un paria.

La élite hizo una nación. Varela, José de la Luz, Arango y Parreño, el Obispo Espada, mas cubano que español; José Antonio Saco, Del Monte...

Para hacer esa nación recurrieron al ensayo. Tuvieron que tocar todas las materias que afectaban a Cuba, desde las económicas como Arango y Parreño y Saco, por ejemplo, a la esclavitud. El ensayo que implica dominio de la razón sobre la pasión.

Tuvieron que buscar ideas en los grandes tratadistas de todas las épocas. Tuvieron que universalizarse. Por eso, nuestros ensayistas, han sido siempre hombres universales, sin dejar de ser cubanos.

Escribieron, enormemente. Analizaron hasta la saciedad. Pasaron días enteros en la meditación y en la investigación. Construyeron un gran universo de ideas, de tal magnitud que para edificársele sobre la Democracia de nuevo, a la patria le basta con acudir a él. Un edificio de ideas coronado con el gran universo ético que legó José Martí. ¡El cubano es un ser, que no piensa! ¡Se guía por la pasión! Los que esto dicen no han leído historia italiana; alemana. Fíjense sólo, en el fenómeno de ese asesino nato: Hitler. Llevó a Alemania a la destrucción.

Además, el pensamiento político cubano, tuvo durante la historia diferentes vertientes, como el Autonomismo. Y la manera de llevar las ideas de estas ideologías colaboracionista a los cubanos fue con el vehículo del ensayo.

La cantidad de ellos, escritos, por los autonomistas es prueba al canto de lo que se dice.

Por lo tanto, la larga lucha por la independencia cubana, es una cantera de la que brotaron un copioso legado de ensayos. Y una fuente de ideas que es siempre semillero del género. Y en ellos está, sobre todos: *Nuestra América* de Martí, puro raciocinio político; como: *El manifiesto de Montecristi.*

La independencia no trajo, sin embargo, estabilidad política a Cuba. La República nació tarada por la Emmienda Platt.

Este acontecimiento, el de la Emmienda Platt, de trascendencia visceral en la historia patria, movió al ensayo. Muchos son los que pueden ser recopilados en la materia.

La inestabilidad política de la República, el continuismo, y la deshonestidad administrativa; el maldito peculado; la maldita malversación de fondos públicos; el entender el pueblo cubano que la República no se ajustaba al pensamiento de Martí y de sus demás forjadores produjo otro caudal de ensayos.

Porque todo fue analizado por los ensayistas. Si éramos pueblo o nación; las fuentes del peculado; el pensamiento de nuestros grandes; la enseñanza como fórmula de salvación de la República; el porque del «gansterismo»; como encontrar un destino nacional...

En fin, un análisis totalizador de todos los problemas que confrontaba la Cuba Pre-Castrista; un cúmulo de ensayos con fórmulas para resolver el problema.

Se llegó, como se ve, a hablar de que si éramos nación o pueblo; a negársenos erróneamente la calidad de nación; se afirmó que la cultura cubana no existía... El ensayo pesimista y negativo salta en todas las esquinas en la historia de la República cubana que sucumbió ante el Comunismo Internacional.

Un ensayo negativo que niega hasta que el cubano tenga cualidades. Por eso, al inicio del mismo Francisco Figueras, en un libro: *Cuba y su evolución colonial,* trató de demostrar que el clima nos condenaba, a los cubanos, a ser una raza inferior.

Hasta el choteo y el relajo criollo, por alguien que amó, sin lugar a dudas, mucho a la patria y la quería ver encaminada por los mejores senderos, son vistos como cosa negativa en el carácter del cubano. Toda estas ideas sin basamento se usan hoy por los enemigos de la Cuba eterna.

No hay un aspecto patrio, por ínfimo que sea, que no haya sido tratado en un ensayo.

El amor por el ensayo ha llegado a tanto, la necesidad del ensayo se había impuesto de tal manera en la vida cubana, que en los periódicos y revistas hay artículos que son ensayos de máximo calibre.

Son cientos de ellos, mejor dicho, miles, espaciados por toda la prensa nacional cubana; por todos los periódicos y revistas cubanos.

En ella, reitero, el ensayo, y el artículo-ensayo-una combinación de los dos en que Cuba creó un género — forman volúmenes.

El ensayo, obra del raciocinio, prueba que lejos de ser un pueblo que no piensa y sin lógica el cubano es todo lo contrario. La pasión se encuentra en el hombre. Se le quieren aplicar al cubano defectos que son del Hombre, del Homo Sapiens.

¡Así que el cubano es un ser que no piensa! ¡Así que se guía por la pasión! Los que esto dicen, y hablan de la pasión política del cubano, o tratan de descargar la actual desgracia de la patria sobre el cubano ni tienen cultura; ni investigan; o hablan porque sus sufrimientos de hoy no los dejan pensar adecuadamente.

¿Qué diferencia hay entre la pasión política del cubano o su pasión en general o la de los alemanes? Es exactamente la misma. Y los franceses cuando le cayeron a hachazos a las puertas de los conventos y de los colegios católicos, durante el anticlericalismo republicano, ¿por qué se guiaban? ¿Por la razón o por la pasión?

¿Y los italianos, los creadores del Renacimiento; los que han legado a la humanidad uno de los acervos culturales más grandes de Occidente, no son pasionales?

¿Y Miguel Ángel no era pasional? ¿Ni el Papa Julio Segundo? ¿Ni el Borgia? ¿Eran matemáticos fríos, seres humanos dirigidos sólo por el cerebro? ¿Han leído los que dicen que los cubanos son pasionales la *Autobiografía* de Benvenuto Cellini? Ahí verán lo que es pasión. ¿Qué me dicen de la locura de las muchedumbres con Cola de Rienzo, al que hicieron dictador para colgarlo unos días después? La muchedumbre actuó, por semanas, como alucinada.

Es la misma masa de la Revolución Francesa; la masa de la Revolución cubana. Es el hombre que bajo la capacidad dirigente del «mentor», como explica, por ejemplo Florián, el famoso penalista o como se explica en ese libro clásico: *Psicología de las multitudes*, pierde la individualidad.

Es otro fenómeno universal que no tiene que ver nada con la pasión como dominante en el hombre por siempre. Es un fenómeno ocasional, que posiblemente no veremos más en el futuro en ninguna nación del mundo, y que logró su eclosión en este siglo veinte con Lenin y con Hitler.

Creer que el raciocinio del cubano, intrínsecamente, está dominado por la pasión, es desconocer al ser humano; es desconocer la historia.

No ya en el terreno del ensayo sino en el de la ciencia jurídica, donde el raciocinio, el predomino del intelecto es total, el cubano ha dado grandes juristas. Pero inmensos juristas.

Además, si se examina la oratoria cubana, se verá que hay una, no de pasión combinada con el intelecto, como la del Apóstol, sino cerebral: la de los Autonomistas.

El cubano es pasional, cierto. Está heredada la pasión de los españoles y exacerbada por el trópico. Pero que ella domine sobre el raciocinio está por demostrarse. Yo nunca he visto que el cubano se queje del gobierno, por ejemplo, sin razón. Desgraciadamente, ¡qué razón tenía!

# IDEAS Y SUPUESTOS SOBRE EL
## INDIVIDUALISMO CUBANO

S e ha acusado al cubano— y muchas veces de buena fe— de sumamente individualista. De servir para lo individual pero no para los proyectos colectivos.

Este pensamiento está viciado por la tragedia que hoy se abate sobre Cuba y en el ayer por el pesimismo que se había adueñado de muchas mentes; de muchos intelectuales— ¡Señor, líbranos de los intelectuales de pacotilla!— de gran altura, movidos por la corrupción en el gobierno y por el continuismo que «canceraban» la República.

La realidad, es todo lo contrario. Y ello se ve en la cantidad de Cooperativas que había funcionando en Cuba. Cito solamente dos: «La Cooperativa lechera de Cuba» y «La Cooperativa de Ómnibus Aliados».

Ambas cooperativas eran enormemente exitosas. Y no eran las únicas. Y si vamos a las Clínicas Regionales y a los clubes sociales españoles, en que cubanos y españoles unían sus esfuerzos en el gobierno de los mismos, nos damos cuenta de que el cubano está provisto de grandes cualidades para la asociación. Un pueblo que peleando contra el mundo entero— piénsese que luchaba contra España; contra Estados Unidos y contra las potencias europeas que querían a Cuba en manos de España . Para ir a la guerra Hispano-Cubano-Americana, Estados Unidos buscó y obtuvo, el consentimiento de Inglaterra— un pueblo que peleando contra el mundo entero, por dos siglos, logra su independencia no es un pueblo que no sirva para la vida colectiva.

Es más, examínese la imposición de la Emmienda Platt al pueblo de Cuba. «El si no la aceptas no logras la independencia»; «el si no lo aceptas podemos anexarte»; «si no la aceptas Cuba se pierde como nación», todo esto tenía que ser afrontado por el pueblo de Cuba con una «unión total y absoluta».

Y esa unión se logró, no sólo entre los constituyentistas que dieron un ejemplo de heroicidad, sapiencia y unidad que es ejemplo al mundo sino en el pueblo cubano. A esa unión Cuba debe su libertad en uno de los momentos más dramáticos de su historia.

¿Y qué decir de las cientos de expediciones— más del sesenta por ciento frustradas por los Estados Unidos incluyendo la de Martí (La Fernandina)— que fueron saliendo, perfectamente organizadas desde los Estados Unidos para ir a Cuba cargadas de hombres y pertrechos?

Necesitaban, estas expediciones una gran asociación de los cubanos; el trabajar hombro con hombro, para poder vencer todos los obstáculos que podían hacerlas fracasar. Y la asociación funcionó a las mil maravillas.

Como funcionó la República administralmente y judicialmente en toda su historia. Si se examina la legislación que tenia Cuba en todas las ramas se verá que pensamiento más lógico, mas racional el del cubano. En todas sus instituciones.

Las críticas que se han hecho al cubano llamándole individualista —una de sus grandes cualidades— basándose en los choques de personalidades que en muchos casos llevó a una falla en la unidad necesaria para la guerra, del 68, cosa que indicó Martí en toda su dimensión dañina, se estrellan siempre contra los logros del cubano en su existir como pueblo y como nación. Las críticas son superficiales, porque ignoran los localismos, ya desaparecidos en Cuba, propios de la falta de comunicación que existía durante la guerra independentista.

Siempre ha habido en el pueblo de Cuba una gran unidad en el destino común y en las ideas rectoras de la nación y de la República. Y cuando estas líneas se escriben el cubano ha comprendido más que nunca la peligrosidad de los hombres.

El abismo que se encuentra hoy la República, se debe a que hubo un falso líder que logró seguidores, porque predicó al pueblo cubano que iba a eliminar los males de la República; que pondría en práctica las ideas martianas que estaban en el corazón, que están, en el hondón de cada cubano, mientras que «argamazaba» los organismos para esclavizarlo. Estos organismos, estaban preparados, desde la llegada de Castro. Organismos de represión y terror con los que se ha mantenido maniatado y «engrillado» al cubano. Porque sabe el tirano que el cubano es «todo libertad».

Por otro lado el individualismo no es malo. Es una de las fuerzas más potentes del ser humano, y la que ha hecho grande a este país. El que presenta un ejercicio colectivo de ideales y de trabajo que lo ha llevado al pináculo.

Y sin embargo, si se lee una historia de Estados Unidos, se encuentra que no hay pueblo en que choquen más las ideas y las opiniones, presentando, al parecer, una desunión completa. Y es todo lo contrario.

A. Ryan, la novelista norteamericana nacida en Rusia, escribió una novela titulada: *El manantial*, que contiene un discurso sobre el individualismo que es una de las grandes piezas oratorias sobre el mismo. Lo pronuncia un arquitecto al que le trataron de destruir su individualidad y hacerlo un conformista.

El individualismo cubano es la creatividad de nuestra literatura; es «el echar pa alante»; es la idea del progreso; es el triunfo obtenido en cualquier parte del mundo en estos años azarosos; es el motor de la libertad.

El individualismo mal entendido lleva al anarquismo. Ese no es el caso ni de los Estados Unidos ni del pueblo cubano. En ambos ha habido un alto grado de individualismo, cualidad que ha hecho grande a ambos pueblos y un gran ensamblaje colectivo que se mueve al unísono, guiado por la conciencia de destino común; guiada por ideales eternos.

El individualismo lleva al Progreso. Hablamos del cubano y de la cubanidad cubana en nuestras diarias conversaciones; del pueblo cubano. Ni los judíos llegados a finales del siglo pasado y a principios de éste, un pueblo que aportó a esta nación un bagaje cultural inmenso, y que, al mismo tiempo, creó otro que sirvió para solidificar la nacionalidad, como esa canción inolvidable: «Dios salve a América», de Irving, alcanzaron metas tan rápido como nosotros.

Un pueblo que es un ejemplo y que triunfó, después de su llegada, no tan rápido como nosotros repito, porque arribó en desfavorables condiciones, es decir, no tuvo el apoyo que del estado norteamericano recibió el Exilio Cubano.

Nosotros, y esto es el mejor exponente de nuestra solidaridad, como comunidad no nos hemos asimilado en Estados Unidos. La lealtad indiscutible del pueblo cubano hacia Estados Unidos es una cosa y la asimilación otra. Y hemos guardado nuestra alma nacional; y los valores de la Cuba eterna, como ha hecho el pueblo judío, con la suya, en la diáspora.

Y es que ambos pueblos llevamos en las entrañas ese sentimiento de nación que nada ha podido derrotar. Ese sentimiento de solidaridad entre todos los que somos parte del pueblo cubano; ese sentimiento de destino común. Nuestra historia lo prueba hasta la saciedad. La de ayer y la de hoy. Nuestras gestas, en la existencia del vivir día a día y en obtener la libertad, son exponentes del mismo.

Somos, por lo tanto, los cubanos, un pueblo acostumbrados a esta asociación entre todos los miembros de nuestro cuerpo nacional. Y entre sus componentes. Somos como personas, en nuestras opiniones, en nuestro modo de ser muy individuales. Pero ello no ha impedido que, al mismo tiempo, hayamos llevado a cabo una obra colectiva estupenda, gloriosa: como es preservar nuestra nacionalidad cuando salía, ya al combate, en el siglo diez y nueve; cuando el Poder Colonial trato de liquidarnos; en la guerra de independencia cuando se tuvo, por España el mismo fin, con una represión que cuenta como monumento la Reconcentración de Weyler y ahora, cuando con la creación del «llamado hombre nuevo» — un remedo del que trató de crear el monstruo de Hitler— se ha esforzado el comunismo por convertirnos en autómatas.

De no ser por esta cooperación, de no ser por el trabajar para el presente y el porvenir, Cuba hubiera desaparecido en los años del Rescate, es decir, del comercio con los bucaneros, con los llamados «Hermanos de la Costa», en un momento en que Cuba yacía abandonada en el medio del mar, sin que España pudiese ocuparse de ella, porque, entre otras cosas, la Península carecía de marina.

En este siglo de aislamiento que marca, para siempre, de forma desfavorable en su desarrollo histórico, a muchas otras naciones de la colonia española, Cuba logro mantener su identidad; su simiente cubana.

Los cubanos, en esta época de aislamiento se unieron, codo con codo, para subsistir, sintiendo la llamada del destino común.

Cuba también pudo desaparecer cuando los corsarios y piratas asolan sus costas y sus ciudades son comidas por las llamas. Cuba ve sus poblaciones dadas al fuego. La riqueza saqueada. Los cubanos, como un solo hombre, le hacen frente a la amenaza. Y la derrotan. Y son los primeros en la literatura continental que pueden exhibir un poema épico que canta la victoria sobre un pirata humillado por blancos y negros: por cubanos. Es el negro Salvador el que lo ultima. Este poema es: *Espejo de paciencia*. En el se puede ver, que ya hay un pueblo unido en un destino común. El mismo que defendió a La Habana contra los ingleses. De no haber sido por esta cohesión contra los ingleses, posiblemente, Cuba sería hoy un pueblo de habla inglesa.

Y es que esto hay un gran problema: ese afán de los españoles, como señalo Bartra, en versos agudos, de autocriticarse, y de criticar a España.

Los españoles siempre están hablando de lo individualista que son. El mismo Ganivet criticó al llamado individualismo español. Pero estos individualistas son, digase lo que se diga, los que han hecho de las obras colectivas más grandes del mundo.

Estos son los se constituyeron en nación y estado antes que todos en Europa. Alemania, la gran Alemania, Italia, la gran Italia, eran ambas una serie de estados en lucha entre sí, muchas veces, pero siempre, totalmente independientes los unos de los otros hasta el otro día.

Estas naciones, rocas firmes de la Civilización de Occidente, estas naciones colmadas de glorias y de historia, que han hechos legados imperecederos al mundo, no eran nación, aún, en el siglo diez y nueve. No eran naciones sino un conjunto, escúcheseme de nuevo, de estados soberanos.

¡En el siglo diez y nueve! Y España, ya en el siglo XV, cuando logra el descubrimiento y la conquista de América es una nación y un estado maduro.

Estos individualistas, estos españoles en el manejo de la administración de América, en la parte administrativa y del gobierno de América, como bien ha señalado Roska en su estudio sobre Carlos V, tienen una organización perfecta, y funcionan al unísono, en una asociación total y absoluta que conjugan con el individualismo en la creatividad; en el regar la cultura. ¡Qué no hay nación que, como España, haya llevado su cultura, en cuerpo y alma, a más naciones en el mundo; que tenga un acerbo cultural más valioso!

Estos individualistas tienen una asociación, de tal categoría, que poseen el ejército más importante de Europa: los invencibles Tercios. Y son dueños de Europa. Dominan los Países Bajos; parte de Italia, Sicilia, Cerdeña... tienen sometida a Francia a la que han derrotado en la Batalla de Pavia y llevan preso al rey Francisco I a Madrid; en fin, tienen el Imperio en que no se pone el sol. Y lo gobiernan con eficiencia y con un pensamiento político que trata de instaurar el Sacro Imperio Romano: (—una unidad; un Gobierno Mundial—) la Monarquía Universal que describió Dante. Cuando se lee a Bartolomé Mitre, cuando se estudia las disposiciones de Felipe II, por ejemplo, cuando se adentra uno en el Municipio Español, en el régimen municipal, choca en el intelecto de uno el hecho que España no es un individualismo «fragmentoso» sino una unión en el destino común, portentosa.

Y lo mismo, pasa con el cubano. Siempre la misma crítica. Siempre el ataque que no tiene razón.

A la República la perdió «la Malversación» y el Continuismo». El individualismo unido en unidad común la hizo grande.

Este individualismo, se afirma, está unido a la pasión. El cubano no piensa. Es emotivo. ¿Y desde cuándo lo emotivo hace ser volandero? ¿El cubano no piensa y derrotó al Imperio Español en unas guerras que son modelo de organización colectiva y de destino común? Pero de todo esto hablamos con más extensión en el ensayo titulado: «La lógica y el raciocinio en el cubano. A él me remito».

No quiero terminar este ensayo sin que nos refiramos a lo que ha contribuido el Exilio y la Emigración a unir nuestras voluntades en un destino común; en una tarea común. Lo que ha contribuido a sentirnos miembros de una colectividad; la cubana. A poner nuestro individualismo, como hoy día, en una asociación por la libertad, presidida por las figuras augustas que nos dieron patria, con Martí, por supuesto, a la cabeza. Presididas por las enseñanzas del Apóstol y la de nuestros fundadores: Varela; Luz y Caballero; Juan Gualberto Gómez...

El Exilio ha sido una fuerza fecundísima en nuestra formación, como nación, en nuestra formación anímica debida a nuestra literatura.

La Gran Literatura Cubana se creó en el exilio. En el ayer y en el hoy. La libertad de Cuba se creó en el Exilio. Tuvimos que salir de la Isla y desde extranjero suelo, conquistar o reconquistarla. De Estados Unidos, siempre. De Estados Unidos zarpó el general Narciso López para hacer una Cuba Libre; en los Estados Unidos. La Emigración Heroica, del 68, del 95, con el trabajo fecundo que el cubano ama, en fábricas, en despalillos, en cualquier tarea, a lo largo de la geografía norteamericana, pero teniendo como centro a Ibor City —sin descontar algunas grandes contribuciones individuales como la de la Abreu— hizo nacer las expediciones, innumerables ellas, que arribaron al suelo patrio y contribuyeron a la independencia patria.

En Estados Unidos, fundó Martí la organización que daría al traste con el poder Colonial de la Metrópoli. Derrotaría a España.

La cuenca del Caribe; República Dominicana; Jamaica... La América Central: Costa Rica, Honduras, Panamá, Guatemala... vio al exiliado cubano trabajar por el sitio que lo acogió y por su patria cubana. América del Sur contempló lo mismo y Socorro Rodríguez fundó el periodismo en Colombia mientras vivía y luchaba por Cuba.

En París se agrupaban los cubanos soñando por la libertad; trabajando por la libertad.

Méjico conoció de lo mejor de nuestra historia. Tuvo a Martí y tuvo a Heredia.

Y alrededor del altar de la patria— frase manida pero de una concreción inextinguible— alrededor del mundo, donde quiera que estuvieran, se reunían los cubanos en patriótica comunión.

Por todo esto, hablar de la falta de unidad del cubano y achacárselo a su individualismo español es un craso error. Las diferencias de hoy y del ayer no son falta de unidad. Las tuvo Roosevelt con Churchill, y estaban peleando para salvar al mundo; existen donde hay hombres.

Lo cierto es que el Exilio es una de las causas que unió al cubano espiritualmente: en la lucha por la libertad. Por conquistar la libertad de su patria. Que lo unió, repito, espiritualmente: la gran Literatura Cubana, —la literatura es un lazo de unión permanente entre los pueblos— de *El Himno del Desterrado* al presente, se ha escrito en el Exilio.

No es el pueblo de Cuba uno en que el individualismo descuida a la nación. Es todo lo contrario: una nación en que el individualismo español mueve la gran fuerza creadora del mismo y otras, como el Exilio, el amalgamiento en el destino común. Creer que las desgracias históricas del pueblo cubano, como el comunismo, se deben a su individualismo, a la falta de respuesta colectiva contra el mal, es olvidarse del Exilio y otros acontecimientos que han hecho del cubano uno de los pueblos más sólidamente unidos.

Lo mismo sucede en la larga lucha por la Independencia; en la larga lucha en la emigración.

Las discrepancias sobre métodos, tácticas, no son fallos de la solidaridad en su destino histórico que tiene que tener un pueblo. En más, los pueblos avanzan en sus discrepancias.

En tiempos como los que corren hoy en día, en que la República está bajo la tiranía comunista, no hay falta de unidad, como falsamente se dice, porque no se siga una figura. Se sigue, en el Exilio histórico, a la Cuba Eterna. En ella se encuentra la unidad: la unidad en el Destino Común.

Todo estas magníficas cualidades de nuestro pueblo; estas cualidades que podemos llamar excepcionales; estas cualidades del cubano, son las que hay que buscar para ver su grandeza; para ver sus triunfos en todas las áreas cuando se ha sufrido, como Cuba, la destrucción de toda la riqueza en la Guerra; cuando se ha sufrido la más monstruosa tiranía: la de los Capitanes de plaza sitiada. Cuando se ha vivido en estado de sitio. No hay pueblo en el mundo que haya sido gobernado en perenne estado de sitio, como sucedió a la patria cubana, desde la mitad del siglo diez y nueve.

No hay pueblo al que hayan tratado de destruirle la nacionalidad como al cubano. Como trataron los Capitanes Generales. No hay pueblo que haya sufrido un infierno moral como el de la esclavitud de los africanos, por tanto tiempo. No hay pueblo al que lo hayan hecho vivir en un ambiente inmoral fomentado por los gobernante, como el cubano.

Este pueblo se levantó, sobre las ruinas de la guerra, sobre el infierno moral, sobre una Reconcentración que fue un verdadero Holocausto. Y edificó una Cuba, que por su adelanto y su cultura, era admiración del mundo.

Se levantó, con su unidad: el destino común y la veneración por sus mártires.

# LOS PATIOS INTERIORES CUBANOS

## I

De Sevilla partieron los primeros conquistadores, colonizadores y descubridores del Nuevo Mundo. Y de las provincias andaluzas. Eran gente de patios silenciosos, con albercas moriscas en que las aguas hacían canciones de eternidad con hilos de luna.

Herederos de una tradición en que la soledad formaba parte de la arquitectura y las aguas, con su murmurio, el sentido de lo eterno y estable.

América fue suya hasta el bojeo de Ovando. Y fueron dejando en ella, también, para reposar la espada y soñar con la tierra en que habían nacido, esos patios cubanos en donde los azulejos moriscos y valencianos, más tarde, tamborean jeroglíficos y leyendas.

> Brama el silencio un trino de tomillo
> en el patio dormido entre la teja
> y la luna de noche jamás ceja
> de traer a la fuente el caramillo.
> Patio cubano con la alberca en brillo
> de mosaicos de Córdoba dormida
> y los trillos, con la albahaca en brida
> perfumando la noche con su manto,
> y mariposas blancas, sin quebranto
> con arecas de gordos tinajones
> en la hamaca tendida de las flores.

Estos patios no son barrocos. Son patios de líneas y arcos primorosos. Es como si la tensión barroca del andaluz, y del cubano, como seres vitales huyera en ellos, buscando la vida retirada de que hablaba el poeta español Fray Luis de León.

Hay patios fastuosos. Como esos de Trinidad. Arriba la balaustrada de madera con los techos de vigas —injerto castellano, norteño asturiano y

152

vasco, en la arquitectura cubano-andaluza— de columnas firmes, algunos con capiteles griegos, pero reducidos al mínimo, como decoración más que como expresión apolínea; esa de la vitalidad griega.

En ellos abunda el mosaico. Y pende sobre los mismos, desde el enorme arco que da entrada, el farol de hierro y cristal; de remate de hierro trabajado; cristal diáfano como los cielos cubanos y de Andalucía.

Porque a estos patios, con sus ventanas de arriba abajo, de caobas simples, como conventos de monjas, ventanas de cuitas y enamorados, para que se ponga la novia, como reclusa que hay que conquistar, detrás de ellos, mientras el galán pinta amores y ensueños, porque estos patios son la naturaleza cubana trasladada a lo urbano.

La naturaleza, con el pozo al que mira la puerta claveteada que, junto a la ventana, deja pasar el perfume de las flores del patio en los bochornosos días cubanos, en esos en que el calor, en que el bochorno, calienta hasta el blancor de la cal de estos parajes.

> Ventana como reja de convento
> con el pelo cogido en mariposa
> detrás de la caoba, envuelto en rosa
> la ventana como reja de convento.
> El pozo que coge firmamento
> con un largo ojo de agua de celajes;
> el patio con la flora en tropelajes.
> El pozo que coge firmamento.
> El farol que oyó los juramentos
> que trae la brisa: caimito y tamarindo.
> La arcada, el balaustre,
> traje lindo arquedo en conga
> guayaba cimarrona
> y la quietud que el cielo entona
> sobre ladrillos del patio: campo y trillo
> con el sol comiéndose el ladrillo.

Algunas veces, sobre el pozo, el enrejado que sostenía el carril para la cuerda, remataba en una piña cubana. Una piña como esa que cantó Silvestre de Balboa y también Zequeira. Una piña blanca y de la tierra como decía el pregón:

«Piña blanca y de la tierra

153

que te quita el sofocón
y to el calor del fogón.
Caserita
Casera traigo yo.

Hasta los patios raquíticos, esos que se encuentran en tanta casa de La Habana, no de su reparto, sino del casco, en su reducido espacio, atraían a las estrellas.

Patios como los de la calle Esperanza, por ejemplo. Las habitaciones daban a ellos. Por sus paredes viejas, las del patio, repello abultado por el agua, crecía alguna mata cobarde que, sin embargo, echaba raíces hondas.

Por ellos caminaba el musgo: los verdes del tiempo. Adosado al muro el cantero, en continua fajina, era una bronca de albahacas, flores de pascuas, mar pacífico, arecas.

Por la noche, la abuelita, en el viejo balancín que se había comido el piso colonial o de principios de la república, se sentaba frente al patio, en la puerta del cuarto, y contaba cuando Perico, el abuelito la enamoró, en los tiempos que las damas iban al baile con unos carnets que firmaban los que pedían las piezas.

Y cuenta de ella; del carnet de nácar, rosado, con cerradura de oro de dieciocho quilates, que le regaló su papá cuando cumplió quince años, y que la negra Petronila, que fumaba tabaco rancio, hizo en conmemoración, buñuelos, de yuca virgen.

El patio chiquitín, el muy fiñoso
de la casita pequeña de la esquina,
con la abuelita del cuento con el gozo
de los bailes de firma y serpentina.
Con los muros de verdes antañosos
y abultados repellos carcomidos,
con el silencio de celajes idos
en Esperanza, Virtudes, Trocadero,
parque del medio, de atrás o de frontero.

Sí, claro que hablaré de otros patios: de los azulejos, de los de mimbres; de los de la calle Trocadero; de los de los pisos altos con su jaula de canarios. Pero será mañana; para que podamos seguir soñando en los mediodías, que desde ellos mirábamos al cielo que creíamos velaría siempre nuestro sueño; el de ayer y el eterno.

# II

Escribíamos ayer de los patios interiores cubanos. Hablábamos de su filosofía. Y señalábamos que mientras la sala de muchas de nuestras casas, con su barroquismo en el techo y con sus mosaicos blancos y negros o también barrocos, es la herencia de lo recio del alma española, de la tensión barroca de la misma, esa que se encuentra siempre en el alma cubana, en su lucha por ideales muchas veces que están fuera de la realidad, decíamos que el patio andaluz es el lugar de la cuita, el sitio del reposo. Es el del alma sin tensión, con la tranquilidad de un atardecer criollo.

Los patios de muchas casas que visité en la calle Trocadero lo muestran.

En días pasados hablaba con mi gran amigo y compañero de la Audiencia de La Habana, desde que yo y Roberto Hernández, por premios universitarios, trabajábamos en la Sala Segunda de lo Civil y lo contencioso administrativo, con Juanito O'Farrill, nuestro queridísimo secretario, y Bertica Fuentes Carretero, hija de uno de los grandes fiscales que dio Cuba, de José Manuel Fuentes Carretero, y Amalia Meruelos y Esther de Armas, siempre tan llenas de risas y alegrías, hablaba con mi gran amigo Alfredo Hernández Lovio. Hablaba de estos patios y él me recordaba los del Cerro, y los de la Ceiba, en Marianao. Y hablábamos de aquella calle Trocadero con sus patios andaluces que muestran la otra parte del alma cubana: la de la suavidad; la del dril cien. La del cultivo de los sentidos con el tabaco y su aroma; con el sabor del café.

Estos patios de la calle Trocadero son una especie distinta entre los patios andaluces cubanos, pues falta en ellos la pileta central y los canteros. El patio es cuadrado, de anchos mosaicos de cemento, con una zanja ancha y pareja entre ellos. Lo que abundan son las sillas de mimbre, sobre todo los mimbres con espaldares gigantescos. Un mimbre carmelitoso; de yarey.

El patio era un remanso de flores. En macetas barrocas o hasta en simples latas de galletas. En macetas negras con gruesas fajas de metal dorado. Macetas de patas ladeadas.

En ellas estaban las matas cubanas más finas, más delicadas, casi femeninas. Y así, frente a la areca fuerte, abría otra que recordaba esos abanicos con que los árabes daban fresco al emir tirado en un sofá; y a las odaliscas echadas como tigres en los almohadones de seda.

Y las palmas enanas, de esa variedad sin tronco barrigón, de cuerpo fuerte; de hojas que se abren como alas que van a volar.

La brisa mueve, como si fueran palmas reales, estos ramajes casi de terciopelo, moriscos, con movimientos de danzarinas árabes.

Muchas veces, en estos patios cubanos, como el de Trocadero de que hablo, entra lo criollo. Y alterna con lo grácil, la profusión violenta de muchas de nuestras flores.

Alterna, pues, con lo grácil, lo violento: el cajigal pompón que parece círculo de granulado con su hueco en el medio, en algunas de sus floraciones, y la caléndula que se agrupa pero no crece; y el cajigal virgen que se abre como rayo de sol recién nacido. Las centauras que llenan el aire como un algodón que no se puede tocar, sonríen desde los rincones.

¡Patios cubanos! Patios de un ayer donde la vida reposaba como fuente de agua que lanza el chorro en el silencio níveo de la noche, y donde el espesor de las madrugadas de frío lo rompía el candil de la misa a que se iba, o el paso de algún quitrín cansino que doblegaba dolor de rueda sobre el adoquín azuloso y menguado.

¡Patios de Cuba eterna! ¡Patios cubanos! Patios de damas vestidas de sedas, en el ayer, y de linos blancos, siempre. Patios en que el jazmín llenaba los pisos de nubecitas que el pase de los días tornaba carmelitas; encogidas. Patios de una patria que sufre la más cruel de las tiranías. Patios de una Cuba libre. De una Cuba en donde la familia, algún día, tal vez no muy lejano, volverá a sentarse en ellos, y mirará el futuro con la esperanza de los de sol; de las mañanas de playas cubanas.


III


De los árabes heredaron los andaluces el amor por las aguas y por las fuentes, el amor por los vergeles.

Cuando se camina por esos pueblos recalados, en que la cal brilla al mediodía como centauros de plata y los canteros se despedazan por las ventanas en caída hacia el suelo, cuando se camina entre sus calles árabes, pequeñas, mohínas, recoletas, calladas, empapadas en el bochorno del mediodía, o en el olor almizclado de los peveteros que moran en los naranjales y limoneros, se oye, en la plazuela del tiempo, en esa eterna, el murmullo de la fuente. O la copla dedicada a la misma. Como ésa de los Álvarez Quintero que aprendimos de niño, en los libros escolares.

De los árabes: soñadores, con las aguas del oasis en los arenales inmensos del desierto. Y la llevaron, con las flores y las plantas que suben al cielo, como buscando el paraíso de Ala, a sus alcázares. En todos ellos, está el patio, con la alberca, o con la fuente, con los jazmines y las rosas, con el murmullo del agua que cae o que corre, o con la eternidad de la que no se mueve, con los verdes reptando sobre las paredes llenas, perennemente de agua, de humedad, de rocío.

Ya dije que Cuba fue de los andaluces, América, hasta el bojeo de Ovando. Nuestros blancos de cal son de ellos; nuestros muros no son de ellos; son gallegos —esos muros que en piedra y argamasa separan patios— pero nuestros mosaicos son de ellos o de Valencia más tarde; nuestros patios son de ellos, esos interiores de que hablé o los que se encuentran en los apartamentos interiores de las casas de alto, o en los edificios de apartamentos, o en los tejados.

Llegó un momento en que la arquitectura no tuvo espacio. Las murallas de la ciudad constreñían la ciudad de La Habana, y el extramuros era lo desconocido. Había que apiñar casas en terreno menudo. Andando el tiempo, cuando la ciudad, rebasó el límite colonial, dentro de modestos solares se irguió algún edificio de varias plantas que rompía con la arquitectura colonial de la misma. Por ejemplo, en La Habana Vieja.

Pero el patio no fue olvidado. Los apartamentos dejaban unos pequeños cuadrados convertidos en patio, al final de los mismos. Eran como celdas clavadas en ellos.

El cubano los convirtió en patios en miniatura. Puso en ellos canteros y macetas. Los cubrió de flores. Sembró plantas que buscaban el cielo reptando por las paredes. Pasó alambres de un extremo a otro y colgó matas, helechos que caían hacia el suelo casi para besar las arecas. Por los lados de los canteros, se veían latas gigantes, de los aceites de veinticinco libras, españoles, con todos los palos tropicales. Muchas de las latas mostraban, por sus bordes rotos, la tierra negra, apisonada, y las raíces al aire.

El cubano, como el andaluz buscaba el oasis, buscaba el patio entre el concreto que lo asfixiaba, que trataba de imponer un ritmo de urbanismo sobre el de los conquistadores, que de las provincias andaluzas y de Sevilla se volcaron sobre América.

El arquitecto colonial siempre buscó los patios, y en la casa de altos se dejaba el final de la misma para el mismo.

Se le embaldosaba, casi siempre del azul de las vírgenes de Murillo. La misma filosofía de la búsqueda del paraíso del patio estaba en las baldosas.

El paraíso estaba arriba, en la inmensa comba; era un vergel lleno de dátiles y de aguas murmurantes, de huríes.

Por eso el patio tenía características femeninas, como la pieza de un harén donde reposaba, sobre colchones, la favorita. Por eso, además, como el cielo, el patio era de baldosas azules. El culto a la mujer y el culto al paraíso se mezclaban en el patio, en todos los patios, en este patio de que hablamos ahora: el interior.

Tenía naturaleza femenina. Era, digo, sitio donde reposaba la preferida, o las preferidas. Las matas grandes, de hojas abiertas, gigantescas, como los abanicos que usaban en los harenes las mujeres musulmanas. Del desierto pasó, en tiempo de la conquista de España, todo esto a Andalucía y permeó el alma española. Y no lo pudo destruir, valga la disgresión, ni la fuerza hercúlea de la religión que nos muestra hoy en la iglesia cristiana que Carlos V hizo construir dentro de la Mezquita de Córdoba.

Las matas grandes como abanicos y de mimbre los reclinatorios. Reclinatorios que rememoraban a los cojines donde las huríes y favoritas reclinaban sus formas marmóreas.

¿Han visto ustedes uno de esos cuadros de Delacroix, en donde aparece la dama árabe reclinada en el cojín y los esclavos, eunucos, echándole fresco; y las palmeras bordeando el sitio? Es como un patio andaluz. Es un patio cubano. No hace falta mucha imaginación para poner aquel alto que tú conoces en la calle Lamparilla en lugar de la tela del pintor galo, copia fiel de lo que vio en Argel; que aquí tengo sus esbozos.

El cubano, lo dije antes, añadió el gorrión, y el tomeguín en sus jaulas. Hizo canteros o macetas donde esculpió la piña. Y fundió, en rebeldía criolla, pero con amorosa unción lo andaluz con lo cubano en el patio cubano, en el patio de los de las casas de más de un piso; en el patio de la arquitectura moderna.


IV


El patio andaluz fue el continuador del oasis árabe. El patio castellano, ese que tiene el brocal en el medio, que se encuentra en muchas casas del casco de La Habana y en el interior de la República nos vino de los conventuales, de esos que vemos al lado de las galerías de los conventos con su pozo y sus frutales.

El patio de atrás, sobre todo los tapiados y pequeños, de muchas casas cubanas, también del casco urbano, es, además, el continuador de una tradición europea: la del huerto medieval.

Los árabes, por otro lado, con sus patios interiores, llevaron el oasis a la casa. Por eso, en muchos lugares de Andalucía, son sitios con pequeñas albarcas en el medio, con sillones para tertuliar en las noches calurosas. Porque si el oasis era el sitio de conversación, el sitio en que los árabes contaban esos interminables cuentos que se fueron luego a las colecciones españolas, era natural que ya dueños del Al Andaluz, asentados y no trashumantes, buscaran llevar la delicia del oasis al interior de las casas.

Los cubanos heredamos esos patios. Ya hemos dicho que América fue de los andaluces hasta el bojeo de Ovando. De ahí nuestro hablar en Cuba, con la «ese» y sin «zetas»; y de ahí nuestros patios. El clima lo demandaba y los que llegaron, los andaluces estaban preparados: tenían los patios.

Y los fundieron con lo criollo. Los cubanos añadieron más flores, más color; añadieron desde el croto hasta el manto. Y pusieron el color tropical, abriendo hacia ellos las habitaciones con remate de arcos de medio punto, donde los colores son como carritos de granizaderos. Pusieron el amarillo criollo, que no es el del trigo de la estepa castellana, más muerto, sino el brillante del canario. El amarillo canario.

Pusieron, además, el azul a lo Murillo, que es no de cielo andaluz sino de cielo cubano, como si Murillo, en vez de pintar allá, lo hubiera hecho a pleno mediodía en una de las placitas cubanas.

Pusieron, como elemento más criollo, de ligereza, tenue, delicado, pero hecho de tierra cubana pura; pusieron el mimbre.

Algunas veces, en los grandes patios de la calle Trocadero, encontramos el paraván. El paraván que oculta y que quita el sol; el paraván que hace más acogedor el rincón del patio donde nos cobijamos.

El patio cubano es, también, el sitio donde se hace la vida, debido a esa tradición del oasis a que nos hemos referido.

En efecto, la sala, en las casas cubanas del ayer, queda como oscura. Algunas veces con mosaicos severos donde el negro se combina con el blanco, como si se tratara de un cuadro de ajedrez, simbolizando que la vida es juego donde la muerte da el jaque mate.

Estos mosaicos severos son el elemento castellano entrando dentro de nuestra arquitectura.

La sala es seria. Ella es el sitio de lo solemne, de lo grave, herencia castellana, sin duda. Cuando alguien llega a visitar con noticias de peso, con asuntos de envergadura, de no ser un amigo muy íntimo, que pueda compartir con nosotros el sitio de la familia, donde ésta pierde el almidón, y se relaja la autoridad, en el patio, quedará en la sala.

La sala es barroca, en muchas casas habaneras. Los techos son el choque violento de fuerzas contrapuestas. Salen los angelitos de sus esquifes. Hasta los motivos clásicos son llevados al barroco: la uva.

Porque lo barroco es lo típicamente español. La representación del alma española. La de fuerzas perennes en tensión, y el adorno del techo no lo olvida.

Y cuando el adorno es cubano, de jarrones y frutas tropicales, como la piña, la protuberancia siempre muestra un barroco tropical; un barroco especial propio del alma cubana, corre entre los adornos: ese choque constante entre la no satisfacción con lo hecho y la búsqueda de nuevas maneras, sobre todo en política, entre la realidad y la utopía, convirtiéndose ésta como religión, como búsqueda metafísica. Ese barroco nuestro, espiritual, que condujo, entre otras causas, al derrumbe de la República.

Los patios de nuestras casas cubanas, de los que hablo, son el opuesto de la adustez de la sala; del alma castellana de muchas de ellas.

# LOS CORREDORES CUBANOS

El Dr. Román Campa me ha enviado una invitación para la exposición de las pinturas de Wilfredo Alcover que tiene lugar en el Barnett Bank.

La invitación trae una criollísima estampa del talento del pintor: un bellísimo corredor cubano, con sus columnas duras como el jiquí y el artesonado de pura caoba. Al lado un gavilán de monte. Que Wilfredo ha dejado con su plumilla, para la posteridad, en arte sin igual, como solivio de tarde, nuestras aves. Como aquellos magueyes bajo las verdes hojas de jagua de que habla el Cucalambé.

Wilfredo, que ha pintado la bodeguita criolla, esquinera, con el nombre típico: *La primera de la cuadra*, con el inflado botellón lleno de camaroncitos salados, y con sus columnas coloniales, como la de nuestros corredores, fuerte como la manaya de piedra de nuestros aborígenes.

Wilfredo me ha paseado por las casonas de nuestros campos, con sus corredores de columnas clásicas, delgadas, donde la elegancia ha huido del pétreo soporte castellano, de la meseta turbia y rocosa.

El piso, de mármol, con tres franjas o cuatro de verdes en rayas, del mismo material, llevado hasta la soledad del atardecer de nuestro campo —Sócrates Nolasco me decía en casa de Guerrita, en la Víbora, que la tristeza del campo cubano era telúrica— desde las canteras de Nueva Gerona. Brilla intensamente.

Paralelo a las columnas del corredor, con el artesonado de maderas preciosas cubanas, reposando sobre el capitel de las columnas, corre una reja pequeña en altura, pero que va, como he dicho, a todo lo largo de él, rematada en madera, para que la familia se apoye sobre ella y contemple, en toda su magnitud, el verde cubano.

Enfrente, una ceiba milenaria, pone un ritmo de tristeza en el ambiente, y más allá, como a cien metros se ven las palmas reales, abriéndose, al compás de la brisa, como abanicos verdes de plumas. A la izquierda, la arboleda de frutales mezcla el amarillo de las mangas, con el carmelita de los mameyes y los morados impresionistas de los caimitos. En el suelo, abierta en blancos medallones de pulpa, la guanábana sirve de pasto a las canoras, que gorgojean puntos guajiros y sucusucus de sitieros.

El corredor cubano es como un traje de dril cien en el que el criollo recogía la dulzura de la tierra y la raigambre de nuestros patricios, —que la tela es fresca pero dura mucho— y mezclaba en ello artesonados castellanos con mosaicos valencianos o árabes— andaluces— y ventanas de hierro en líneas rectas, en cuyos centros se abrían las primeras muestras de lo que más tarde, se llamó el art nouveau y cuyos antecedentes son andaluces: filigranas que huyen del rococó porque, además de ser gráciles, muestran una seriedad de cantejondo.

Así eran los corredores al aire libre de nuestros campos. Por ellos entraba la brisa, y se volcaban las palmas, y las ceibas y los flamboyanes, con sus sombras y murmullos, hacia las habitaciones de las casas.

Entraba, cubano, aquel olor de tierra mojada que nunca has vuelto a sentir fuera de tu patria, y aquel frescor del aguacero trepidante que machacaba la tierra colorada con latigazo de instante.

Existían en nuestra patria, así mismo, los corredores interiores. La casa andaluza es, como se titula el cuadro de Alcover del que he hablado, un compendio de sol y sombra.

Y muestra una feminidad de abanico. Esconde, en la ciudad, sus encantos, detrás de un abanico. Se pone el velo árabe, pero lo trae difuminado al exterior en altas ventanas con arcos de medio punto, de blancos todo, con ausencia de color, y persianillas árabes que abren hacia dentro, para que la brisa entre en las habitaciones que dan al corredor.

El corredor interior de nuestras casas es típicamente árabe. Completamente femenino. Lámpara china, porque la dulzura y suavidad del papel que llevaron los culíes a Cuba encajaba en el toque femenil de lo árabe, hacía pareja con los sillones y mecedoras de mimbres. Porque el mimbre es también pintura china, suavidad de algodón, casa de té. Puertas de entrada a unas habitaciones, la del medio, para comunicar con el resto de la casa. Puerta con mampara. Secretaire de fina madera cubana con toques árabes, ya en las filigranas suaves de las cajitas, como brisa del atardecer, o en los pomos de la misma, de las agarraderas, de blanco como el color de los hierros de las ventanas que, como en los corredores exteriores, van del techo, de alto puntal, para que suba el calor, al suelo, Para besar el mármol, el mosaico del lado de los mismos.

Corredores cubanos: con arecas o plantas de la India, con cortinajes de hilo o seda cayendo en dos o tres cascadas de lo alto de las ventanas que daban a las habitaciones; con sus pisos de mármol resplandeciente, con la puerta de caoba y cristales biselados a su extremo que daba a la calle. En ellos, en los exteriores y en los interiores, charlaba la familia, en días en que las querellas de la república eran escarceos de driles cienes, y la brisa seguía soplando cargada de mamoncillo, mientras los alisios recogiendo el azul de nuestro mar se lo llevaban al cielo para darle envidia. Todo esto me lo ha recordado este óleo: *sol y sombras* de ese gran pintor de Cuba: Wilfredo Alcover.

# FILOSOFÍA DEL TRAJE CUBANO: EL DRIL CIEN

Ha sido el blanco el color preferido del cubano. Blanca es la flor nacional: la mariposa. De un blancor extraordinario nuestras arenas en contraste con las amarillentas de otros parajes del globo; blanca, de un blancor inmaculado, la pulpa de frutas nacionales como el anón y la guanábana, cuyas atracciones sobre los sentidos se degustan en un paladar de sensualismo. Blanquísima es la espuma de nuestras playas, y el agua de las mismas, tan blanca que a través de ellas se divisan los fondos cristalinos, y se recogen los azules de nuestros cielos.

Ama el cubano el blanco. Y lo une a la fruta. Un sonrisa que muestra una dentadura blanca es sonrisa de coco. Una pieza de hilo que muestra su inmaculez está limpia como el coco. Y no es de extrañar — y mi señora dió una vez una conferencia sobre ello y la acabo de publicar en el tomo III del *Diccionario de cubanismos más usuales*— que el coco, que es de pulpa blanca y de gran fortaleza exterior, sea en el lenguaje popular cubano, una estructura lingüística, de esas de que habla el Padre del estructuralismo, el antropólogo Levi Strauss.

Es que el coco es como el dril cien y en ello, en la mezcla de que se hablará, está la filosofía de esta tela nacional: el coco es suave y resistente; es fresco y resistente. Y esto último le pasa al dril cien.

El dril cien fue nuestra tela nacional; nuestro traje nacional. En el estaba esa claridad de la patria y esa fortaleza que siempre ha mostrado a través de su historia. En él, está la arena suave de la playa, fina tinaja atomizada en pedacitos de cocales, y la montaña abrupta contra la que se estrella el viento. El dril es como el hilo, tela resistente, fresca, duradera. Es como coco.

El hilo ha sido, igualmente, una tela nacional. De hilo blanco vestían nuestras viejas patricias. Cuando se las mira uno de esos cuadros del ayer, sentadas en el corredor de la casa de campo del ingenio, de la finca cafetalera o en la de tabaco, se ve la falda ancha, casi acampanada, que llegaba más abajo del tobillo, de puro lino. Como de puro lino era la blusa.

El hilo, como el dril, es duro y resistente. Es blanco, como las arenas nombradas, como las espumas que se hacen champolas en las orillas de nuestras playas. Y es como la patria: se deshilachará poco a poco pero nunca se rompe; la patria que renace de nuevo cuando los hilos de su alma se juntan.

El dril blanco y el hilo siempre han supervivido a través de nuestra historia. Todavía cuando dejamos Cuba, los cazadores que nos adentrábamos por las distantes sitierías, encontrábamos los domingos a la guajira vestida de hilo blanco, con la flor de la mariposa en la cabellera negra. Así vestían en sus bodas y en días de fiesta.

Algunas veces la moda cubana ha usado la frescolana. Fue pasajera. El dril cien siguió imperando como prenda nacional.

Y lo mismo sucedió a principios de la República cuando, bajo la influencia de la gran población china asentada en La Habana, los trajes de seda china hicieron furor.

Algunos han mirado con desgano al traje blanco de dril cien. Lo vieron como exclusividad del político cubano. Pero el traje de dril cien, como hemos dicho, tuvo una prosapia que se remontaba al siglo XIX, y que heredó los primeros años de optimismo de la República cubana, legándola a los que vinieron después. ¿No han visto ustedes esa fotografía de Enrique José Varona con su dril cien? Dril cien con chalequillo y leontina.

Hemos sido siempre un pueblo tan homogéneo, de tanta identidad —que no hemos perdido ni en el exilio como ha sucedido con otras emigraciones— que hasta nuestra ropa ha respondido siempre a una filosofía de la vida, a una cubanidad muy antañosa y muy profunda.

# EL CUBANO COMO HOMBRE HEROICO

Otras de las características, dije, del cubano, es que es un hombre heroico.

Heroico completo. Sin aristas. El único sentido trágico que tiene el cubano de la muerte se vierte en heroicidad. Si, «la vida, es un paseo», como dijo Álvaro de Villa al analizar la frase: «guardar el carro», cubanismo con el que el cubano indica lo que es la parca, ese paseo adquiere, en el cubano, una sola vertiente trágica cuando el luchar por la patria y la libertad están en juego.

El cubano dedica, entonces, su vida, a esa lucha, como ha sido el caso de este exilio, y del exilio de las guerras de independencia, y el de Varela, que rehusó volver a Cuba, aunque se moría de dolor en Estados Unidos.

Entonces surge la otra vertiente del hombre romántico, de que hemos venido hablando: «la heroicidad». Y sale a flote el hombre heroico.

Hay que ver lo que es ese hombre heroico leyendo las narraciones de la manigua. Hay que leer los *Cromitos Cubanos* de De la Cruz.

Hay que leer esas páginas admirables de Sanguily que habla de como murió Moralitos, el convencional. El líder de la civilidad. El gran constituyentista.

Cuando el cubano se decidió a ser libre, a romper el yugo español, la historia patria es un continuo acto de heroísmo.

Se vive en función de la muerte. La muerte rige la vida de las generaciones que a partir del 68 se alzan contra España. Rige la vida del pueblo de Cuba.

El heroísmo de los cubanos, que por conspiradores habían dado a luz a su vida, como un Aguero, que caminó las calles empedradas de Camaguey diciendo adiós a sus compatriotas, mientras iba directo al fusilamiento, es la misma actitud de Campanería o de Boytel o de Francisco hoy en día. Es la actitud del Comandante Yarey; de los hombres de Girón.

No hay un gesto de cobardía en el cubano. En toda nuestra historia no hay uno en que los hombres no hayan sabido morir como vivieron: de pie.

¡Y mira que España fusiló! Como fusila Castro. Fosos y sabanas se cubrieron de sangre. La lista de los fusilados por España es extensísima. No se le ha hecho justicia a estos hombres que supieron morir mirando a su cielo. De estos hombres románticos; heroicos hasta mas allá de la heroicidad.

Es el hombre cubano. Es la heroicidad del hombre cubano. Es el hombre que no ha podido destruir España y que, en el campo de batalla, con el machete en la mano, lucha contra el imperio que ha paseado sus tropas por toda Europa: el conquistador de Flandes; de Italia. El de los tercios invencibles.

No hay un gesto de cobardía. No registra uno la historia entre los cubanos. No importa que fueran hombres jóvenes, con el porvenir por delante. Mueren, como los estudiantes: sin pedir clemencia. A nadie se le conturba el ánimo ante el plomo. Ante la figura de la muerte.

Se muere, de pie, como los expedicionarios del Virginius, uno de los crímenes más terribles de España. Los van fusilando, poco a poco, para tratar de quebrar lo heroico de los hombres que habían ido a reconquistar el suelo patrio.

Cada descarga, lejos de mermar el ánimo de los prisioneros, eleva su heroísmo ante la muerte. El hombre romántico que es el cubano, el romántico ideal que diría Agustín Acosta, se yergue heroico. Y no desmaya. Muere de cara al sol.

Heroico es el hombre y la colectividad regada desde Cayo Hueso— el Miami de entonces— a las latitudes más frías: Connecticut, donde Guiteras hace una fortuna mientras pelea por su patria; Boston... Por todos lados hay cubanos. Construyen pueblos; amasan fortunas, pero sobre todo hacen realidad sueños y levantan patria.

Los hijos nacen en la manigua. Las mujeres, que han tejido banderas van de cocineras a la manigua. Las damas de versos y abanicos al lado de las esclavas del ayer. Porque el heroísmo es una sola unidad.

La que se ve en el *Espejo de paciencia*. Blancos y negros defendiendo la patria que están haciendo lentamente.

El heroísmo se ha forjado en una tradición de lucha: contra el ambiente; contra los ingleses; contra los piratas... Pero sobre todo ante la necesidad de defender el alma cubana. No se defiende de la opresión la vida; se defiende, enfatizo, el alma, la identidad, a la que quieren matar.

Y el hombre romántico, el abierto, el consubstanciado con su naturaleza hecha de sabanas y bajíos, de sierras y lomas, de sinsontes y tojosas, de tomeguines y yareyes, viendo en ella el supremo ejemplo de la razón se guía por ésta y se identifica con el derecho natural, con ése que esta en el corazón de todos los hombres. Y haciendo suyos los ideales de la Declaración de los Derechos del Hombre y del Ciudadano, en bandera solitaria los despliega al máximo y grita: «Hoy muere un hombre pero nace un pueblo»: «Mi muerte no cambiará los destinos de Cuba».

Hasta extranjeros, cubanizados por la bondad del clima y del cubano, hechos románticos y por lo tanto heroicos, señalan el camino que abrazó un pueblo llevado por la palabra fulgurante y el sacrificio de una vida, de José Martí. De los brazos blancos, negros, chinos y mulatos que hicieron Trocha de Maceo al filo del machete entre las tropas coloniales.

El cubano: el hombre romántico. El hombre heroico.

# EL CUBANO Y LO HEROICO

Hablaba antes de lo romántico en el cubano. De cómo esta característica del mismo, brota de lo físico. Ella se conjuga con lo heroico, que nace, directamente, de nuestra historia.

Comienza nuestra literatura, y esto no es de despreciar, con un análisis del cubano, del culto a lo heroico que hace el cubano, con el canto de un hecho heroico.

Y debo señalar aquí, que junto a lo heroico, también nuestra literatura, la tempranera, canta a los frutos tropicales, a la isla, señalando así otra característica nuestra, sobre el gusto y el deleite sensorial.

Se canta, enfatizo, un hecho heroico: un pueblo derrotando a una fuerza que para aquel tiempo era terrible: a un pirata. Pero no a uno cualquiera, sino a quien ha hecho fama decapitando el Caribe. Asolando los mares en general; por donde navegan las naves de España.

De ahí en adelante, la historia del pueblo cubano es una historia de heroísmo. Y del combate contra los piratas se pasa a la lucha contra las injusticias sociales.

Las horcas levantadas en Jesús del Monte, de las que cuelgan los vegueros del tabaco que se oponen al oprobioso sistema del estanco, al que coarta la libertad son, según dijo Ibrahín Martínez, en su pequeñísima historia de Cuba, de «protomártires» de la libertad cubana.

Por otro lado el vivir, para el cubano, durante la Colonia, es una heroicidad. La violencia y el terror son el signo del día. Se vive bajo el sistema de la delación y de la voluntad omnímoda de los Capitanes Generales.

No se sabe si se terminará, cuando uno menos lo piensa, en el garrote vil. Los rumores —al mismo tiempo— lanzados por las autoridades coloniales para mantener sujeta a la colonia sobre las sublevaciones de esclavos permean el ambiente, y cada hombre se ve destripado por el furor de los que han sido convertido en cosas, de los que soportan el dolor al máximo.

Un dolor que un cubano denunciará en la primera novela antiesclavista escrita en América: Anselmo Suárez y Romero en *El ingenio o las brisas del campo*. La primera, al decir de Saqui, escrita, no publicada. Esta última fue: *La cabaña del Tío Tom*.

Fue un acto heroico el de la tertulia de **Del Monte**, donde se planeó la obra. La crueldad de la esclavitud fue denunciada sin tapujos. El dolor pintado en toda su intensidad. Un dolor que lo hiere a uno cuando se leen las páginas de la misma.

Toda la historia de Cuba está llena de esa heroicidad: Plácido recitando *La Plegaria a Dios* camino de la muerte. Agüero saludando a los camagüeyanos cuando subía las calles camagüeyanas para ir hacia donde moriría.

En el ambiente heroico se va haciendo el cubano. Narciso López grita: «¡mi muerte no cambiará los destinos de Cuba!» Domingo Goicuría, en «la explanada heroica» deja un legado: «Hoy muere un hombre, pero nace un pueblo».

La heroicidad se cimienta con Céspedes que contesta al que le pide que se rinda o le fusilan al hijo: «Yo soy padre de todos los cubanos». Con Martí, con su presidio, con su vida de jiquí; con Maceo, Titán de Bronce, pecho comido por las heridas de la guerra; con Calixto García, dándose el tiro antes de caer prisionero; por Guillermón Moncada, batallando aunque la tisis le comía los pulmones; por los expedicionarios del Virginius y de cientos de expediciones que llegaron a playas cubanas.

El culto a lo heroico lo concreta el Apóstol en unas líneas lapidarias: «La muerte no es verdad cuando se ha cumplido fielmente la obra de la vida». Lo concreta Sanguily en aquel discurso, cuyas primeras palabras pintan el horror del momento en que unos adolescentes fueron pasados por las armas por una chusma enardecida.

Se pregunta uno si el culto a lo heroico ha remachado ese complejo platista que todavía abunda por ahí al máximo. Porque no se entiende cómo se puede pensar que esta nación va a ayudarnos a liberarnos de Castro si durante treinta años lo ha mantenido en el poder. Como por décadas remachó la garra colonial en Cuba.

Me decía un cubano ya fallecido que él le iba a poner un pleito a la Paramount: tanta película donde el norteamericano es el prototipo del coraje de la hidalguía, del hombre invencible le habían hecho creer que era realidad la ficción.

Y sin demérito para los hombres de esta nación que han tejido las páginas más heroicas en la historia del mundo afirmaba lo anterior.

¿Tendría razón mi amigo? ¿La pintura de lo heroico en películas, unido a nuestro culto por lo heroico le habrá remachado, inconscientemente, la «conciencia platista» a nuestros hermanos?

Es hora de pensar todo esto, y de darse cuenta de que nuestros grandes libertaron a la patria con su heroicidad, no con la de extraños. Y de darnos al rescate cubano de Cuba. La historia está a punto de pasarnos la cuenta. La historia cubana.

# EL CUBANO Y LA NOSTALGIA DE PATRIA.

No fue el cubano emigrante. En tiempos de la República se encontraba uno a cubanos por Nueva York, principalmente, sacando agua y carbón. Pero su estadía era temporal. No se habían asentado. Seguían soñando con las palmas y con volver a Cuba. Para eso ahorraban el último kilito. Y no se casaban fuera de la patria. Seguían soñando con la novia del barrio.

Yo tengo aquí, como si fuera hoy, un día de una nevada terrible en Montreal. Me había ido yo, entonces estudiando en Nueva Inglaterra a ver a unos amigos que lo hacían en un colegio canadiense. Todos éramos pepillones.

Aquel día, cuando, caminábamos por la calle de Santa Catalina, se nos acercó un cubano. Nos había oído hablar. Trabajaba en el Canadá. Pero ya tenía para volver. «Que va, no hay, decía, como un mantecado de a kilo».

Y en Cuba existía gente, y de las clases altas, que embarcaban para París y se llevaban la barra de dulce de guayaba. Y yo tenía un amigo, que murió hace como dos años en Miami, que algunas veces cuando estaba por Europa, mandaba que le enviarán por avión un lechón asado.

Y no eran alardes. Es que tenían la patria adentro y se acercaban a ella como podían, aunque en el medio algunas veces era visto como «ridículo».

Nunca el cubano ha podido vivir fuera de la patria. Siempre se la ha llevado dentro a dondequiera haya ido, voluntariamente, o forzado.

Son patéticos los días de Heredia, entre el rigor del invierno, suspirando por las palmas de su patria.

No hay entre él y los desterrados a Chafarinas, el infamante penal, diferencia alguna. Los hombres que estaban en la cárcel africana añorando las lajas de los ríos, las guijas de las aguas; las sabanas, con los bosques, soñaban con Cuba.

No hay diferencia entre su dolor y el de Alfredo Zayas cuando dibuja, el que siente, viendo caer la nieve.

Es el dolor de todos los que salieron de nuestra tierra, temporalmente, y para siempre, como tantos de nuestros hermanos. Es el dolor de José Antonio Saco pasando frío en su miserable cartucho por el que se colaba el cañón de aire.

Es el dolor de Aguilera muriendo en su cuartito de Nueva York sin calefacción y sin mueblaje.

Es el de Gertrudis Gómez de la Avellaneda marfilado en ese poema único: *Al partir*.

El cubano siempre se ha sentido consubstanciado con su patria. El cubano es el anhelo de patria. Es la nostalgia de la patria.

El cubano está hecho de patria. Si se comparan nuestras poesías con la de hombres de otras latitudes vemos como el cubano es la tierra, el paisaje de su saurio.

Es la palma y el río, y la vega de tabaco, y la tarde aciclonada y la noche que hace serenatas en el nuberío de algodón. Agustín Tamargo, hace muchos años, definió en forma bellísima lo que era patria para el cubano: hablaba de esa gota de agua. De esa gota de agua que es la patria.

Y yo, cuando oía hablar de la yagua cubana me parecía verla por la mañana, cuando caminar por placeres era llenarse los pantalones del agua de la patria, del rocío de la patria. De la gota de que hablaba Agustín Tamargo.

Hay una consubstanciación total entre el cubano y lo telúrico. Estamos hecho del paisaje de la patria.

Nada es, para nosotros los cubanos más bello que la patria. Martí decía que las palmas eran novias que esperaban. Que las playas del exilio sólo son bellas cuando se les dice adiós.

¡Y que belleza en su prosa única cuando describe a su patria! Cuando habla de la tierra de su patria, de sus árboles, de sus piedras. Cuando ve tomar y toma agua en jícara y come boniato hervido.

Cuando se quiere revivir el campo cubano acudimos a su Diario, en su último palpitar en Cuba. En él está el cubano unido a su paisaje, a su tierra, a sus sombras, a la patria.

Escribe Martí: «El río nos corta (...) Ya están a nuestro alrededor los yareles y las sombras. (...) ¡Si nos vieran a la hora de comer (...) de la carne hervida con plátanos, y a poca sal, nos servimos en jícara de coco y en platos escasos: a veces es festín, y hay plátanos fritos, y tasajo con huevos, y gallina entomatada.

Todo es la patria: su cielo, sus frutas, sus árboles, sus cañaverales, sus ciudades... «la isla idolatrada, que nos ilumina y fortalece con su simple nombre... como él hubo de escribir. Siempre la patria en el cubano.

«En nadie más fuerte que en mí el sentimiento de la patria", así dice José de la Luz y Caballero en una carta a Manuela Teresa Caballero.

De la patria estamos hechos. Por eso no podrán vencernos. Me regalan el alma y los oídos estos versos de ese poetazo cubano: Norman Rodríguez:

> Quien dice patria —Lo digo
> como quien dice un refrán—
> dijo la tierra y el pan,
> la luz, la yerba, el amigo
> y... ¿para qué más? No sigo.
> *Patria* es lo que ya al nacer
> se nos añade: es el ser
> gemelo, el ángel que place.
> A la patria Dios la hace
> y nos la da por mujer.

¡La patria! El cubano es patria. Anhelo de patria. Nostalgia de patria. Como estos versos míos que me inspira Norman.

> De colorada estoy hecho,
> de sus montes y sabanas,
> del romper de las mañanas
> del río que va por su lecho.
> De la palma. Trecho a trecho
> me fue llenando la vida.
> El jagüey. La arremetida
> de Maceo por la trocha,
> el cañaveral, la mocha
> que es mi bandera encendida.

Por eso no nos podrán derrotar. Porque todos nos hemos traído la patria. Al partir. Estará con nosotros a la vuelta.

APÉNDICE

# LA FILOSOFÍA DE LAS AZOTEAS

Por: Raúl Ramos Proenza.

# LA FILOSOFÍA DE LAS AZOTEAS

## I

Cuando el Dr. Sánchez-Boudy me señaló la importancia de las azoteas de la ciudad de La Habana, nunca pensé que adquirirían tanto interés para mí. A medida que deshilvanaba los pensamientos de la madeja de los recuerdos aparecían nuevas facetas, asombrosas manifestaciones de vida y consideraciones estéticas. Las azoteas se presentaban, vistas a vuelo de pájaro, con toda la vital realidad de una proyección geométrica. Son algo. Complementan. Revelan las características propias que le confieren el rango de gran ciudad a las metrópolis. A cada pensamiento se añadía el asombro. Nunca pensé que algo tan trivial llamara la atención, se apoderara de mí hasta el extremo de interesarme su estudio. Aunque siempre advertía que debajo de las cosas sin importancia reside lo interesante en espera de que la luz ilumine la oscura ignorancia que la ocultan. Son esos pequeños detalles que no atraen nuestra atención y, sin embargo, constituyen la fortaleza moral de una personalidad. Ahora me interesa tanto lo al parecer insubstancial como al investigador de un suceso la víctima que huye después de la agresión. Notar la grandeza en lo común nos conduce a la investigación y esculpimos en el asombro la obra de arte como el escultor en el mármol. Sin llegar a esos extremos estéticos intentaré una Anatomía de las azoteas.

## AZOTEAS: ESPACIOS Y TIEMPO.

Nuevos descubrimientos a partir de unos puntos teoréticos presupone una sociología de ideas y creencias. Y en las azoteas observamos las nociones fundamentales en las que intervienen el espacio y el tiempo: se relacionan. El espacio de las azoteas delata la idea geométrica del cubano aplicada a una condición social. La azotea cumple una necesidad en el tiempo, una función accesoria. Añadida por instinto a la edificación prolonga la esperanza, como si ella fuera la vía para el hogar estable. Su precaria condición busca superar los tiempos aciagos. Las azoteas en este

177

caso son medios, de ahí su prolongación de la esperanza, es decir, el futuro. Al idear el cubano las azoteas tuvo en cuenta el porvenir, presentían sus constructores que haría falta. Se pudo terminar la construcción de las casas en otra forma que estéticamente realzara la belleza del conjunto como, por ejemplo, el Centro Gallego: pero nace la azotea plana creada por el instinto práctico de los constructores cubanos, y su poderosa adaptación ambiental. Al menos las necesitamos en los fuertes veranos. Ellas son las aspas que abanican la brisa en la ciudad.

Si realizamos un juicio crítico de la validez de la idea, llegamos a la conclusión de que la azotea no sólo refiérese a una situación social, sino que es la alcancía en la que guardamos los «por si acaso» que responderán a una necesidad imprevista. La azotea más que una manifestación arquitectónica se comporta como la novia del estío. Llegamos a una transacción paralela a su funcionalidad: es azotea y deseo; calor y brisa; sosiego y excitación, siesta y actividad. Invita al ocio como al trabajo. Los inquilinos de azoteas presumen con sobrada razón, de cuando la damisela de la tarde se tiende boca abajo a tomar el sol, los habaneros le palpan sus sensibles partes erógenas a la ciudad. ¡PRESUMIDOS!, contesta La Habana. Y comienza el silencioso y sibilino coloquio de los habaneros con su novia marina. Muy pocos individuos a no ser los inquilinos de azoteas, disfrutan de esa excitación características de las grandes ciudades: el derecho de ser coquetas. PARIS.

## LA IDENTIFICACIÓN DE LOS TECHOS.

Comencé por buscar en los tejados de Madrid una de las características que identificaban a la ciudad desde unas perspectiva superior como las buhardillas en el estilo clásico francés, las pagodas chinas y las entradas por los techos de ciertas construcciones primitivas. Tal es la influencia distintivas de los techos que las cabinas telefónicas del China Town de New York la cubren formas chinescas de techos con los aleros arqueados hacia arriba. Algún común propósito funcional y estético identifican tanto a Madrid como a París y Shanghai... ¿y por qué no a La Habana y sus azoteas? No. No es un simple capricho, ni me alienta un vulgar patriotismo. No. Las azoteas de La Habana, vuelvo a repetirlo, son una creación del instinto pragmático del cubano, de su capacidad funcional y adaptabilidad ambiental. Es una obra de arte, una típica creación que identifica a La Habana. La azotea es el sello que le confiere el rango de gran ciudad. Piénsese si no.

Pero para darnos cuenta de la importancia de los techos cofactor identificador tratemos de imaginarnos París sin buhardillas, Madrid sin los techados de tejas españolas, China sin sus aleros invertidos y, por supuesto, La Habana sin azoteas. ¿Qué impresión nos daría? Un amasijo de viviendas sin rostro, un conjunto de concreto y ladrillos sin vida, un desierto sin oasis, una continua nada. Y es que en estas grandes urbes el alma manifiesta su rostro en las buhardillas, tejados, pagodas y azoteas. La primera impresión que nos formamos es que algo tan trivial no puede realizar una función tan importante, y le restamos valor. Miramos a las ruedas y no vemos los radios.

## MORFOLOGÍA DE LAS AZOTEAS.

Vista ya la necesidad de las azoteas, precisado su sello identificador en las grandes metrópolis, procederemos a su estudio. No podremos omitir que sus inquilinos mantienen una particular norma de conducta, y que las azoteas se relacionan con nuestra historia republicana así como inciden en el carácter del cubano, que, además, constituyen un lugar vigorizante y una búsqueda al aislamiento y el solaz. .., invitan a la meditación. Y si todo esto es cierto, tenemos que utilizar un método estructural para su estudio, efectuar la disección de su construcción: cortar aquí, zurcir allá y nunca desechar. La misma naturaleza de las azoteas lo impiden: acopian desechos. Aplicaremos para su estudio la Morfología. Con ayuda de esta ciencia descubriremos todo el potencial que encierran las azoteas y las leyes que rigen sus estructura de la manera que el científico observa los fenómenos físicos. Pero no sólo esta ciencia, acudiremos a la Sicología, Lingüística, Urbanismo, Historia, etc. que complementarán una real visión de tan interesante parte de nuestra Habana.

No quiero ir demasiado de prisa, pues la prontitud me puede tirar a la superstición y ver en cada esquina de las azoteas el humínculo juguetón de los alquimistas. Con la forma de las azoteas clasificaremos los signos que estructuran la sicología de los inquilinos. De hecho, las tentativas nos conducirán a los caminos antes oscuros para nosotros. Descubriremos un mundo que vivía en nosotros y que pasaba inadvertido. Mundo trágico a veces, cómico y grotesco, otras; pero siempre con el rostro de la ciudad al cielo. Revisaremos un conjunto de clasificaciones y las uniremos a hechos históricos. Recordemos que todo principio presiden elementos determinantes y es lógico que cierta confusión nos embargue dada la ley de permutabilidad. Pero esto no será total, y pasará a medida que avancemos en nuestra investigación. Añadamos también, que el principio de división no es aplicable totalmente violando la lógica. Mi intención será aclarar, informar, historiar..., contar, en fin, hacer lo humanamente posible por darle vida a lo que forma parte principal de nuestra bella capital: las AZOTEAS.

Quisiera entre otros llevar a las azoteas a plano humano que incluye la vida de una familia, trágicos suicidios, la muerte del «italianito» cuando huía de azotea en azotea de la policía. Una inquilina prostituta que encuentran devorada por la sífilis sobre los adoquines grises del CALLEJÓN DEL SUSPIRO. Y las carcajadas que provocaban los rascabucheadores, los cesantes, así como las competencias colombófilas. Cuando pienso en las competencias de «Chiringas», la de papalotes y picúas; cuando recuerdo las tendederas de los chinos en las azoteas, es cuando me entusiasma la idea de seguir escribiendo y vivificar una parte de nuestra niñez. Pero ahora me limitaré a la filosofía de las azoteas.

## ALGO DE NUESTRA HABANA ANTIGUA Y SUS CASAS. ORIGEN DE LA AZOTEA.

Para llegar a comprender en algo el nacimiento de las azoteas nos vemos obligados a pasear con la imaginación por La Habana del siglo XVII al XIX. Se hace necesario convertirnos en alarifes y participar de las soluciones arquitectónicas de los maestros de obras y constructores de la época.

Nos maravillamos cuando contemplamos las portadas de piedra sillar y estructuras de pilastras toscanas adosadas. Ostentan un humilde encanto y fascinación que arroba los sentidos. Los soledizos capiteles de dobles moldurajes y el entablamiento flanqueado por la prolóngación resaltada de las pilastras, asombran por su sencillez. Aún hoy invitan a pasar al zaguán que por un arco de galería comunica con el fondo. Dentro ya, respiramos una atmósfera de respetuosa poesía junto a un silencio de siglos y nos sumimos en la ensoñación. Un arco desviado de una puerta apoyado sobre pilastras abiseladas embebidas en el muro sirve de comunicación con el patio rectangular flanqueado por habitaciones. Una corta galería al fondo conduce a un traspatio mutilado por los siglos. Desde el exterior nos llama la atención su forma apaisada acentuando su rechonchez. Esta descripción señala una casa típica de la época cubierta con tejados de dos vertientes.

Escudriñando el libro ilustrativo y maravilloso de Prat Puig, hallé una referencia a una azotea de la casa situada en la calle Acosta esquina a la Plazoleta del Espíritu Santo en una descripción que constaban de aleros de tejaroces que remataban el conjunto de techos de dos vertientes donde las hiladas de tejas empotradas dibujaban alquerías ciegas y la remataban una hilada final característica del tipo criollo de tejados, así como las lacerías enlazadas de los alicatados. Esta casa la planta alta reproducía la baja con ligeras modificaciones, y destaca PUIG: «...que quizás hubo azotea encima de las habitaciones de la esquina del patio»... y más adelante»...algunas de las habitaciones de la planta alta aún conservaban baldosas amarillas y rojas dispuestas formando ajedrezado». (Pre-Barroco en Cuba, de F.PRAT PUIG) Fue en esta descripción donde encontré la primer referencia de las azoteas, pero muy probable sea, a mi entender, un espacio pretilado para que las damas disfrutaran la deliciosa brisa marina, y al no encontrar un término arquitectónico apropiado para designar el lugar, Puig recurrió a la palabra azotea, que dudo en el siglo XVII existiera en el sentido de techo plano. Una azotea similar bordeada con pretiles daba al patio de la casa de la calle Oficios y Obrapía. De cualquier manera, presumiblemente sean las primeras manifestaciones que generó la idea de azoteas en el desarrollo del arte de la construcción.

Las techumbres de las casas primitivas eran de viguerías y tapajuntas estriadas y las demás dependencias se construían con vigas lisas y de gruesas escuadrías. Existen casas que aún conservan la crujía de la planta baja techadas con viguerías horizontales. Pero este paseo evocador, aunque agradable para mí, nos aparta de nuestro propósito si continuamos, y lo describí con el fin de destacar el posible nacimiento de los planos horizontales que originaron las azoteas. Pero no por ello dejaré de remitir al lector a leer el inapreciable trabajo investigativo sobre los monumentos y construcciones civiles que encontrará en EL PRE-BARROCO EN CUBA de F. PRAT PUIG.

La técnica de la construcción obedecía a un sentido práctico, y se buscaba que los rayos del sol no cayeran perpendicularmente en las edificaciones, contribuyendo a la creación de las Esquinas de Frailes, que además, por ciertas confluencias de factores físicos, se mantenían batidas por corrientes frescas de aire. Tal es el caso en nuestros días de la esquina de San Miguel y Amistad donde siempre corre una fresca brisa aunque el ardiente agosto azote La Habana. La idea principal de los experimentados alarifes criollos era combatir el calor y por instinto conocían los lugares adecuados para una esquina de fraile, pero los techos seguían construyéndose de dos vertientes o un plano inclinado y se cubrían de tejas españolas acanaladas. La mayoría de los tejados vertían el agua hacia los patios interiores y se recogía en grandes cisternas y tinajones.

A principio del siglo XVIII, aunque las tradiciones se mantenían, los cambios se manifiestan en las casas construidas con sillares ligados con maderos y los dinteles de sillares adovelados y se anuncian prácticas estereotómicas que contribuiría a la solidez. Eran muchas las guarniciones de pétreas portadas. Se llega a utilizar barro mezclado con cascajo para rellenar el espacio entre las piedras. Nos formamos así una idea general del arte de nuestros alarifes criollos en el primer y segundo tercio del siglo XVIII, y resaltamos la importancia de la ignorada arquitectura pre-barroca de naturaleza morisca que influenció en las configuración de nuestras ciudades. Comienza a evolucionar la técnica constructiva y llega a los encofrados de concreto, y al cemento que hace una realidad los planos horizontales y dan paso a hacer del techo no una solución de dos vertientes tejadas, sino a un espacio plano y de mayor utilidad: la azotea.

Puede que la idea de azotea surgiera cuando van desarrollándose las tradiciones constructivas y los cuerpos lignaros de naturaleza morisco-herrariana ceden el paso a lo barroco mientras lo morisco se perpetúa con una adaptación al clima cubano, pero con las exigencias de la época barroca.

A la segunda mitad del siglo XVIII se van abandonando los típicos patios rectangulares con sus altas galerías de madera para adoptar las arqueadas, más espaciosas y de planta cuadrada ajenas a las iniciales construcciones criollas. El espacio se utiliza cada vez más en función de las necesidades que la época exigía. Las casas se ventilan más elevando sus puntales perdiendo su aspecto de rechonchez al mismo tiempo que ampliaban los ámbitos cediendo al imperativo del clima tropical oreado. Característica peculiar infundada por las dobles volutas colgantes a lo alto del intradós de los arcos patentizan la exclusividad de nuestros arquitectos barrocos y criollos.

Con la aportación morisca y proyecciones del período barroco nuestra arquitectura nace y se desarrolla alcanzando la propia cubana personalidad basada en la sencillez y funcionalidad contraria a los oropeles de las varias escuelas barrocas.

Si en los monumentos primitivos el arco trilobulado evoluciona y creó los caprichos mixtilineos del barroco cubano, tenemos que deducir que de la misma manera, cediendo al rigor climático, en busca de aire, evolucionan los tejados a los techos planos y así crean los criollos maestros de obras y los alafres criollos nuestra típica azotea. Así surge una edificación que brinda a la parte superior un espacio en el que se puede descansar y tomar el fresco en las noches de intenso calor. El soportal y patio interior se convierte en azotea rodeada de hermosos pretiles oblongos que aún observamos.

En el siglo XIX las fincas de recreo y de labor, las primitivas galerías se convierten en colgadizos y los balconajes en soportales con pies derechos como soportes y que aún vemos en muchas casas de nuestros pueblos. Ya las azoteas van avanzando y ocupan el lugar de los tejados de dos vertientes. La solución de las azoteas le dan un carácter peculiar a nuestra manera de construir y la tipifica. La AZOTEA le imprime un sello que caracteriza lo propio, lo nacional en las construcciones cubanas a partir de la moda neo-clasicista de huella morisca.

Así se disponía todo a una euritmia que tendía a una simétrica construcción típica que las azoteas le confieren con ese sello distintivo de gran ciudad a nuestra hermosa capital. La idea de azotea nace como una contribución del sentido práctico del cubano y aporta una solución para combatir los rigores de nuestro verano, a la vez que forma parte destacada de nuestra panorámica. Su sencillo nacimiento es parte de importante razón de ser.

## II

Las mismas expresiones adverbiales patentizan el valor de nuestras azoteas, por tal razón no podemos subestimar los techos planos bordeados por un murete. Las palabras determinan la importancia que otorgamos a las cosas. Al referirnos a la suerte de un individuo, en particular al alquilar una casa, fíjense bien, al alquilar una casa «con azotea». Ya esa expresiva frase *«con azotea»* denota, además de indicar la dicha del que alquila, un valor adicional de manera tal que destacamos con el «Que suerte tiene Pedro, alquiló una casa *con azotea»*. Así señalamos un valor al tiempo que destacamos un confortable espacio atribuible a la vivienda e insinuamos una sensación de plácido sosiego. La expresión es el modo que utilizamos para darle relieve a una adquisición útil, valorativa. Estas circunstancias enmarcan a las azoteas en una idea axiológica. Al conferirle tal valor las situamos en un nivel filosófico; y las azoteas se convierten en un ser metafísico cuando evaluamos los valores espirituales que entrañan al adquirir una casa «CON AZOTEA».

## EL ESPÍRITU DE LAS AZOTEAS.

Esas palabras «con azotea» encierran por sí una serie de ideas útiles que desarrollamos al alquilar, y la efectividad semántica es tal que nos muestra un camino, nos sirven de guía en el pensamiento. Las asociaciones surgen, danzan en nuestra mente y ejecutan gráciles arabescos en nuestros sueños. Porque en la vigilia soñamos al alquilar una casa, y por analogía percibimos destellos y oímos truenos lejanos después que un látigo zigzagueado de fuego fustiga la noche,— De pronto caemos en cuenta que poseemos un sitio paradisíaco y por nuestras mentes pasan las imágenes de un cielo estrellado que deja la tormenta. Y esto lo conoce el arrendador que al redactar el texto para el anuncio clasificado, escribe: SE ALQUILA CASA «CON AZOTEA». Y a nosotros, cuando la necesidad de apartamentos nos apremia, acudimos a los anuncios clasificados. Leemos: «SE ALQUILA HABITACIÓN» CON COMODIDADES». PRECIO RAZONABLE». Ese «CON COMODIDA-DES» nos dice mucho: que ciertas facilidades se ofrecen a nuestra disposición, por ejemplo, agua caliente, cocina, baño y una vista agradable. Pero pretendemos algo mejor y continuamos la lectura, y es cuando encontramos: SE ALQUILA CASA PEQUEÑA/TERCER *PISO CON AZOTEA*. Ya este CON AZOTEA nos inclina a alquilar la casa, porque todas las ensoñaciones citadas acuden a nuestra mente. El propietario es consciente de las propiedades que ejercerá en el que busca una casa la simple expresión CON AZOTEA. Es la nasa donde cae el pez. La azotea es el valor adicional, la «contra» que otorga el arrendador al inquilino, como el bodeguero el poco de sal al marchante. Y observamos que las azoteas asumen así un papel comunicativo al mantener las cordiales relaciones entre los miembros de la sociedad habanera. Y para el inquilino la azotea significa mucho más que un simple lugar de esparcimiento, lugar para mantener el coloquio familiar íntimo en la noche y tomar el fresco en el calor sofocante. Quiero decir que allí se tiende a secar en la mañana el colchón orinado del niño que aún mantiene la incontinencia infantil, podemos poseer un pequeño y bello jardín, nos facilita la colocación de las tendederas y secar la ropa al sol para que mantengan la blancura y el peculiar olor «a limpio», comenza-mos a criar gallinas, colocamos en el murete el bastidor que soltó los alambres y cedieron los muelles, construimos la casita al cariñoso perro para que pase la vejez antes que dejarlo abandonado en el Bando de Piedad o en la calle. Nos da por construir un palomar, un gallinero, criamos conejos, curieles, gatos, perros. Nos dedicamos a la cría de canarios, participamos en las competencias de palomas mensajeras cuando nos inscribimos como miembros de la flamante SOCIEDAD COLOMBÓFILA DE CUBA. Allí en la azotea guardamos la silla que perdió la pata, matamos las chinchas, situamos el taller de carpintería, el de plomería...etc. todavía nos queda espacio para cebar el lechoncito de la Nochebuena. En realidad, la azotea amplía el campo de acción de la casa, aumenta en actividad lo que ganamos en extensión. Y las azoteas, ante el fascinante panorama a nuestro alcance, ni pensamos en que los servicios que brindan varían mucho; nos ofrece al espíritu la sensación de sosegada placidez al observar el caer de la tarde en un día cálido, coloreado con un tinte rosado, con un mundo de vibrantes sensaciones y casi vivientes formas de las nubes. Y en las noches, contemplamos una orgía lumínica sobre la infinita mancha de color negro-azulada salpicada de guiños. Nos extasiamos ante el resplandor brillante y singular de nuestra transparente atmósfera nocturnal.

No importa el nombre con que se designe ese plano superior que remata nuestras edificaciones. Lo mismo da que sea la palabra azotea como Dorotea. El origen etimológico es posible sea latín o árabe. En Argentina nombran con la palabra azotea no el techo plano, sino las casas con techo plano. Muy probable que los alarifes españoles la introdujeran en el léxico arquitectónico cubano, pero no en el sentido de la casa, y sí refiriéndose al nivel plano con que termina la estructura. Las construcciones en Pompeya presentan ese espacio llano que cubre las edificaciones, pero nunca en el sentido de típica actividad que se le confieren a las cubanas. Así llegamos a considerar las ventajas que el cubano obtiene de las azoteas mucho más que las pequeñas inconveniencias, como, por ejemplo, la invasión de hollín.

## LAS PALABRAS Y LAS FORMAS.

Los pensamientos expresan símbolos que las palabras transforman en formas. Todas las personas son libres de manifestarse como mejor les plazca. Las limitaciones son impuestas por las normas de conductas, pero uno queda en libertad de elegir las palabras satisfactorias. Las formas y el ambiente inspiran las palabras. Los significados inéditos adquieren relieves

185

semióticos cuando emergen síquicamente y los asociamos a impresiones que la palabra traduce. En el cubano la palabra azotea incluye la idea de libertad. No de fuga, pues no huye, más bien idea de aire; de la búsqueda del contacto íntimo con el paisaje, la amplitud y el sol. La azotea en este sentido amplía las limitaciones del lenguaje buscando en esa extensión adyacente de la casa la intimidad, el contacto con su propio ser alejado del ruido callejero y el gentío que invade las calles. Esa flexibilidad interpretativa que adquiere la azotea, la tipifíca. La diversidad de significados le confiere la personalidad distintiva que manifiesta su cubanía y expone su importante razón de ser.

La azotea significa en determinado instante lo que ha llegado a significar por su repetido uso en contacto con el ser humano. Si el lenguaje constriñe el pensamiento por la limitación del vocabulario, la palabra azotea lo libera por sus amplias significaciones. La azotea le da libertad al pensamiento, rompe sus ataduras a los esquemas rígidos, y ella misma nos dice los varios usos que aplicamos a ese humilde espacio que corona nuestras edificaciones. La palabra dibuja las formas por medio del vocablo azotea.

Asombra como de algo tan humilde podemos escribir páginas y páginas, que su misma sencillez nos inspiren párrafos tras párrafos. No cabe la menor duda que esto es posible porque en las azoteas encontramos las vivencias diarias de nuestra cubanía. Ese toque patrio muy personal que caracteriza nuestro Habana.

Además, las azoteas rompieron las fronteras de su sencillez, de su modestia presencia para convertirse en esa parte de nuestra capital que la caracteriza.

# III

## DIAGRAMAS DE UNA AZOTEA.

En la azotea se busca una dimensión liberadora, una contribución a la tranquila soledad; se busca al compañero del YO..., un TU. Inspira una creación poética ya que se despliega en la nostalgia dentro de una vivencia real, una cotidiana manera de vivir. Aunque se desarrolla en un mundo real, corpóreo, en un espacio sujeto a los hechos, la evasión y la conducta, no deja de elevarse a lo espiritual. Como podemos apreciar, la azotea puede ser poesía y prosa: lo subjetivo unido a lo objetivo. Las nuevas experiencias narrativas acercan cada día más la narración al poema. Se funden en la inspiración, y muy particularmente, en la azotea. En el espacio que nos proporciona la cubierta del edificio, insertamos la poesía; estímulos nostálgicos aunque pasen inadvertidos, como el sonido de una melodía que no creemos escuchar y luego recordamos con deleite.

Los juegos estructurales narrativos nos conducen a la composición de un rompecabezas donde encajamos las piezas en una narración literaria. Y resulta insólito que nuestro protagonista se reduzca a la simple azotea; pero ella será la que nos proporcionará las alusivas imágenes que al moverse se presentan en un vivencial calidoscopio. ¿No es la vida más que imágenes de nuestra mente? En algunos el dolor significa sufrimiento; en otros, placer. En la alegría mostramos nuestra felicidad que causa en otros envidia, pena. Conceptos sujetos a una determinación genética. La azotea es un tapiz de la ciudad, en ella descansa el día y duerme la noche, respira profundo la pobreza hinchando los pulmones de la esperanza. En las azoteas el cubano borda con el estambre de los significados para desrealizar un tanto la vida con sugerentes imágenes que bordean lo real borrando conceptualismos y bucear en lo irracional la razón de su ser. Borda con el estambre de los sentidos una realidad: su vida, su historia, mirando la ciudad ante él, y con sus vicios, darle fisonomía.

Pretender sólo desperdigando en el relato de las azoteas secuencias creativas, a veces en un mundo onírico, en una realidad dominada por la fantasía confundiéndose en un todo. Humanizar las azoteas, engarzarlas a los sueños y nos narre la vida de los inquilinos que la habitan, los momentos históricos y las eróticas escenas de un mundo tan real vivido en la intemperie en busca de una libertad. Pretender reajustar las expresiones y presentar extractado el ser literario en una creación lo más concisa posible y penetrar con ellas bajo la superficie de la piel social. Intentar que la vida de nuestra Habana surjan del crepitar de las ideas, saltando chispas en coloreadas imágenes. Utilizar palabras horneadas en la pasión libertaria. Y volcar en una azotea del barrio chino, del edificio de San Nicolás III, todo el drama de unos seres que el mismo espacio abierto al firmamento sirve de testimonio de escenas dramáticas unas veces, alegres otras, pero siempre acompañadas de los rasgos de nuestro pueblo.

## TECHUMBRES TERRACEADAS

Siempre se ha considerado a las azoteas con un tinte despectivo, pero creo todo lo contrario; pues los inquilinos obtienen en ellas una riqueza panorámica carente en las casas. En esas discretas techumbres terraceadas los habaneros se asoman a la ciudad y prisioneros del embrujo de los atardeceres caen seducidos por la poesía. La terraza cubierta de losetas rojas que la oscureció la humedad posee conciencia de que es el dorso de luz y cemento del edificio donde la intensidad exaltada del mediodía dormita agotada en un baño de vapor. Los inquilinos experimentan el angustioso calor y la pétrea humedad de cal y cemento. El cielo gravita sobre los acanalados zines del techo de las habitaciones de madera con un baño de fuego. Algo líquido y sólido se une en el interior con la pesadez de la pereza y el fluir de las sombras. El día radiante enmudece ante la sensación a soledad, detenido en espera de la nube que la brisa mueva desde los apartados rincones del horizonte y unan en un frescor de lluvia. Era principio de agosto y hasta la brisa quemaba al mediodía al tiempo que la azotea jadeaba ansiosa de un cubo de agua fría fresca que aliviara su ardiente rostro. Algunas mariposas perdidas caramboleaban la tarde en busca de primaveras dando bandazos al aire. La tarde desleída en grises presagiaba lluvia. Una corriente de aire frío revienta los diques del cielo y comienza a caer el zopetón del verano con gotas transparentes sobre las losas grises de la azotea saciando la ardiente sed. Sobre el zinc salpicaban los sonidos cristalinos en un monótono tintinear de agudos infantiles. Entonces la pereza dejaba caer los párpados de la tarde dormitando en el frescor de la lluvia y al instante un sol radiante exprimía las horas secando la azotea. Tan en instantes continuados como suspiros angustiosos de enamorados. La ciudad escurría las gotas de sudor en el ajetreo de sus calles. Pero en la terraceada pobreza, reía la fresca tarde y la brisa del mar soplaba los chiringas y papalotes de la muchachada elevando sobre la ciudad de La Habana sus sueños infantiles.

## UN MUNDO SOBRE LA CIUDAD.

San Nicolás III entre Dragones y Zanja. Es muy posible que la numeración no sea igual, pero el edificio existe. III escalones de una inclinada escalera que conducen directamente a la azotea de un edificio de tres pisos. Destaco «directamente» porque por lo general las azoteas pertenecían al inquilino del último piso. Además de coincidir en la repetición del número II, la azotea de San Nicolás III se distinguía por su individualidad. Poseía entrada propia. Era un piso más del edificio, pero, desde luego, azotea. Lo curioso del caso consistía en que no se podía señalar como «mi casa» sin dejar de clasificarla con la palabra azotea. Por tal razón, Yayo, inquilino de años decía con orgullo «Vivo en la azotea de San Nicolás III. Es posible que resultado de la particularísima propiedad de ser azotea y piso del edificio que se señalara como referencia en el barrio chino y fuera muy popular. Pasó al vecindario como la Azotea de la calle San Nicolás. Pero acrecentó su fama cuando a Martha, la prostituta, la lanzó el chulo al vacío desde el pretil de la azotea. Los titulares de la prensa repitieron el suceso en íntima relación con la azotea de la calle San Nicolás. Hurgando en la historia de la azotea nos enteramos que allí se refugió «Gambao» cuando huía de la policía y burló el cerco tendido por los agentes del orden dando un espectacular salto a la azotea vecina en la que los chinos cuidaban una cría de gatos. La página policíaca destaca la noticia del chino que se partió el corazón con un cuchillo en una de las habitaciones de la azotea de San Nicolás..., pero siempre se pensó en el asesinato. Así de esta manera llegó a omitirse el número y bastaba sólo con la «azotea de San Nicolás» cuando se referían al lugar. Pasado el tiempo la tranquilidad reinó en la azotea, pero la fama adquirida la asociaba con lo trágico a pesar de que en la época actual, sus inquilinos gozan de la felicidad que es capaz de ofrecer la terraceada azotea de San Nicolás. «Porque estoy convencido de que los lugares están dominados por cierto fatalismo atávico como las personas», comentaba Erasto, estudiante de derecho en la Universidad de La Habana, barbero de oficio e inquilino de la azotea de San Nicolás. Subir los III escalones para llegar a la azotea garantizaba la salud de sus inquilinos, aunque Yayo, barbero como Erasto y Alemán, era bastante gordo y llegaba agotado. San Nicolás III y la misma cantidad de escalones resultaba una curiosidad, pero más aún cuando Yayo vivía en el cuarto número II de las II habitaciones de la azotea. Esto llegó a interesar a los inquilinos en la posibilidad de adquirir de Ripley cierta cantidad de dinero. «Los americanos se ocupan mucho de las cosas raras», apuntaba Tomasa la gallega. Erasto redactó la carta en la que informaba de la increíble coincidencia. El complejo de madera y zinc lo formaban diez habitaciones separadas en grupo de a cinco por un pasillo, posteriormente se le añadió otra que cerraba el pasillo por el fondo y la ocupaba Tomasa, la gallega, que fungía como administradora. Tomasa bajaba pocas veces a la calle porque les temía a los chinos, los odiaba. Nunca se supo si era o oriunda de Galicia o hija de gallegos nacida en Cuba. Un rostro arrugado de edad indefinida propio de una mujer agotada después de los cuarenta años reflejaba un duro sentimiento. Cuando joven abandonó a su pequeño hijo y con la expresiva frase «por la miseria» justificaba la acción. «No quería que pasara hambre a mi lado», decía compungida. Lavaba para la calle y se ocupaba de mantener limpia la azotea. De vez en cuando Francisco, un amante temporal, la visitaba quejándose de que subir esa escalera «era mucho». Al terminar el lapso amoroso, Tomasa sonreía agradecida y le entregaba todos sus ahorros a Francisco en un tácito acuerdo entre ambos.

Todos los inquilinos de la azotea jugaban el once a la charada. La cábala adquiría proporciones alarmantes cuando a las once de la noche se escuchaba el kikirikí del gallo de la azotea vecina. Esto añadía a la azotea un elemento aleatorio relacionado con los números de la charada china. ¡Hoy sale el salao «gallo!», comentaban Yayo y Alemán. Se jugaban hasta tres kilos fijos y dos corridos para amanecer «arruchaos» al siguiente día.

## LA AZOTEA COMO HISTORIA Y VIDA

La azotea como un ascua que el sol aviva se atezaba en espera de la lluvia que ya se formaba en el horizonte gris. Y María con sus tres hijos apenas ganaba lo suficiente para mantenerlos. Las virtudes de la mujer cubana se materializaba en su espíritu, en el sacrificio de una juventud destinada a los hijos, el laborioso y constante trabajo de lavar ropa «para afuera» y mantener el aseo de su pequeña habitación. La azotea comprendía que la única manera de la mujer identificarse con sí misma era cubriéndose con la virtud. Carolina y Amanda con envidiable admiración contemplaban a María y en lo posible contribuían a aliviar su penuria. Aunque María repudiaba la prostitución, no criticaba a lo que consideraba un abandono de la femineidad. El bulto de la ciudad se admiraba desde la azotea de San Nicolás envuelto en un panorama azul. Y en el horizonte las nubes jugaban sus espumas aéreas sobre el mar. La azotea representaba la gama completa de la libertad en el torrente del espacio sidéreo. Y es que sólo en esa amplitud que la rodea puede alcanzarse la sensación de ser libre. Las ennegrecidas losas de la azotea nunca fueron holladas por la bota militar hasta aquel fatídico día del ataque a Atarés.

El mobiliario de la habitación de María era en extremo sencillo, pero de gran funcionalidad. Un cajón de latas de leche condensada Cruz Azul servía de repisa, afestoneado con papeles metálicos de colores cortados en triángulos sobre los que colocaba los vasos y platos, simulando una vitrina. Cocinaba en un anafre de una lata de aceite vacía con un hueco en la parte inferior para airear las tortas de cisco en la hornilla de calamina colocada en la parte superior. Allí hervía el «funche» y freía los plátanos maduros. En una esquina, un pedestal sostenía la imagen de la Virgen de La Caridad. Los niños dormían en una columbina de patas de hierro que doblaban durante el día y colocaban en el murete que bordeaba la azotea. Sobre la mesa planchaba la ropa. El pequeño espacio lo atravesaban alambres para tender la ropa a secar o colgar la planchada en caso de un repentino aguacero. Todo reducido al mínimo con un propósito: sobrevivir. Un pequeño tinglado protegía del sol la entrada del cuarto de María. Ella atendía el corral de las gallinas del negro Goyo que de vez en cuando la retribuía con huevos y algún pollo. Ese día, por lo regular los domingos, María cocinaba un delicioso arroz con pollo e invitaba a los vecinos. Nunca la necesidad llegó al extremo de robar las gallinas ni violar la propiedad ajena. La gallega Tomasa imponía una disciplina que todos acataban con respeto. La azotea en sus meditaciones nocturnas comparaba aquel núcleo como una pequeña ciudad a pesar de que Carreño escudriñaba la noche.

Desde la azotea de San Nicolás se contemplaba el complicado amontonamiento de habitaciones, laberínticas escaleras y promiscuidad del barrio chino dibujando un indeterminado crucigrama. Las azoteas colindante a la de San Nicolás permanecían atravesadas de tendederas de alambres donde los chinos lavanderos colgaban a secar las almidonadas ropas chorreando la peguntosa baba. El barrio chino figuraba un complicado laberinto de cuartos, escaleras de caracol, pasillos oscuros entre los edificios, barandales inquietos frente a las guarderías, negras chimeneas vomitando hollín, corros alrededor del narguile con expresiones oníricas, fumadores de opio baratos y el inconfundible sabor en la atmósfera de apio y sopa de salsa oriental mezclado con el ajonjolí y el olor a chicharrón. Kimonos brillantes tejidos con doradragones vomitando fuego colgados frente a las habitaciones junto a los miserables guindajos de ropa de color indefinidos. Una mísera amalgama de lábaros con cartones de números de lotería, fábricas de churros y pirulíes mezclados con los ventorrillos de verduras y frutos secos. Un interminable vagar de chinos con andar pausado y brincos con ritmo asiático esperanzados en el juego tipificaban La Habana con el andarín saltico de chinos calzados con zapatillas de lona. Surge el arquetipo representado por el chino cubierto de billetes de lotería como un lábaro humano exhibiendo las esperanza de los sábados junto a una sonrisa de podridos dientes amarillos y el monótono pregón de los animales de la charada china. Una oblicua caricatura encerrada en un abotonado vestido sin escote que cubre un enjuto y débil cuerpo. La lúbrica esperanza dibujada con trazos asiáticos. Junto al vendedor de cucuruchos de manises con el metálico envase en forma de ocho a la cintura, el vendedor chino de billetes caracterizó nuestra metrópoli. El chino dio un tinte asiático a nuestro patriotismo contribuyendo a nuestra independencia. Llegó a influir en nuestras costumbres culinarias al preparar el delicioso frijol negro con especial maestría y a los plátanos fritos ese sabor característico de nuestra cubanía.

## EL PAPEL QUE DESEMPEÑÓ EN LA HISTORIA LA AZOTEA DE SAN NICOLÁS.

En Cuba, después del 4 de septiembre, la vida política se organizó bajo la bota militar. Sucumbía nuestro orgullo seducido por erróneas formulaciones, obsesionados en principios provincianos y dominados por los prejuicios. Nuestro pasado no sirvió para comprender el presente ni forjar el futuro por estar sujeto a la frustración. Dispersábamos las ideas, malgastábamos las energías y dilapidábamos la vida en absurdas interpretaciones producto del medio y la corrupción. Los Estados Unidos reconocieron a Batista convencidos que garantizaba el equilibrio para lograr las aspiraciones económicas. Más que el machadato, el golpe contra la oficialidad representó el imperio de la vulgaridad. Con la caída del General. Machado murió «la cocinita criolla», el espíritu nacionalista y el progreso basado en nuestra propia voluntad. El no aceptar la imposición de una Ley de Aranceles lo condenó en medio de una depresión económica mundial. Se crea la «revolución» por la vía de una «mediación» consumado el proceso el 4 de septiembre. Ya junto a la americana flameaban dos banderas. Se arriaba la dignidad nacional y se izaba el dominio de un nuevo amo: Batista. Todavía se comentaba el barullo de los soldados al subir la escalera de la azotea de San Nicolás III. Armados de fusiles con bayonetas caladas, cartucheras al cinto y en zafarrancho de combate subían atropelladamente la angosta escalera en dirección a la azotea para emplazar la ametralladora de ancho cañón y barriga redonda. La paz de la azotea se violaba en nombre de la justicia. La estrategia principal consistía en tomar las azoteas de La Habana con rapidez para dominar cualquier rebelión. Y desde las azoteas se intensificaron los tiroteos como las explosiones de bombas en la noche del

8 al 9 de noviembre obligando al gobierno dictar un bando declarando el estado de sitio en la ciudad de La Habana. Por el bando se advertía a todos los ciudadanos que SE ABSTUVIERAN DE SUBIR A LAS AZOTEAS, OCUPAR LOS BALCONES, etc. Los ocupantes del cuartel de San Ambrosio comenzaron a evadirse para replegarse hacia el Castillo de Atarés. Las azoteas desempeñaron un papel determinante para el asalto final al viejo Castillo. Mientras los cruceros Cuba y Patria bombardeaban el Castillo desde las azoteas del cruce de las calles Concha y Cristina disparaban morteros de grueso calibre y desde la Loma del Burro los cañones abrían fuego. La rendición de los elementos oposicionista fue inminente— Las azoteas determinaron estratégicamente el triunfo sin la menor duda. Otro de los sucesos en que centenares individuos civiles armados disparaban desde las azoteas se desarrolló en el ataque a la oficialidad en el Hotel Nacional. Las azoteas colindante sirvieron de trincheras para obligar por medio de la violencia a la rendición total de los oficiales. Desde la azotea de San Nicolás se divisaban los cañonazos y la rendición. Por las azoteas de La Habana la noticia corrió como la pólvora anunciando con vítores la nueva dinastía de clases, cabos y sargentos. Si los militares antes los distinguía el espíritu mambí y la tradición, ahora los aplastaba la vulgaridad. Con el 4 de septiembre murió el alma nacional de la república y nació el caso que pronosticó Machado.

La azotea de San Nicolás vivió la angustia de los acontecimientos y fue testigo de las depravaciones de la turba. Desde allí se observaban las negras columnas de humo de las casas machadistas incendiadas y los saqueos de las turbas. Las azoteas sirvieron de vigías ante los acontecimientos que se volcaban en las sangrientas atrocidades de una multitud enervada, poseídas de injustificables venganzas y liderada por la envidia.

Quien dominara en aquellos tiempos las azoteas, la Loma del Burro y Atarés se adueñaba de La Habana. El valor estratégico de las azoteas se consideró posteriormente por las dictaduras una genuina creación del 4 de septiembre. PEDRAZA usó de ellas para dominar La Habana y hacerla dormir a la hora del cañonazo. El primero en llegar a las azoteas rendía la ciudad. La soldadesca arribó primera esa nefasta fecha en el que triunfa una generación castrense. Con el dominio de las azoteas nacía la Cuba distinta sometida a Columbia. En el recuerdo permanecían la Carretera Central, el Capitolio, un Parque en cada pueblo y el esfuerzo de la generación mambí. Posteriormente nuestra patria se balanceaba entre el terror y la libertad socavada por el comunismo y el espíritu de una falsa revolución en busca de una ridícula justicia social.

Así las azoteas imprimen en las páginas de la historia su participación y en forma destacada la humilde azotea de San Nicolás III. Ella participó de los momentos difíciles de nuestra historia política. Y muy posiblemente incendió el inicio de la llama de la rebelión popular, al menos comenzó con un símbolo que se plasmó cuando Frodito al ver bajar a los soldados de la azotea de San Nicolás les disparaba con su revolver de fulminante.

Pasaron los años. La azotea de San Nicolás desapareció al devorar un incendio sus cuartuchos de madera. Los bomberos del Cuartel de Corrales no acudieron a tiempo para sofocar las llamas. En esa oportunidad los inquilinos habían abandonado la azotea. Muy posible que debido al conocimiento de los bomberos de la inclinación y dificultad de la escalera, evitaron premeditadamente llegar a tiempo. Los carteros no subían la famosa escalera y entregaban las cartas en el puesto de fritas de la entrada. Las visitas ocasionales al ver la inclinación de la azotea volvían la espalda sin dejar siquiera un recado a los chinos. El talón de Aquiles de la azotea de San Nicolás III fue la inclinación de la escalera. No hago mención de los inquilinos de los pisos del edificio porque el tramo más penoso comenzaba en el tercer piso a la azotea, y por ser todos los residentes de los pisos anteriores a la azotea ciudadanos chinos.

Las azoteas desaparecían a medida que las nuevas construcciones se apoderaban de la ciudad. Aunque hoy en día observamos azoteas típicas, podemos garantizar que desaparecerán cuando se conviertan en PENTHOU-SE. Hoy los arquitectos construyen altos edificios y en vez de una azotea, la piscina frente a un lujoso apartamento sirve de morada a una rica familia.

Nuestras azoteas de chiringas y papalotes; de crías de canarios y palomares; con corrales de gallinas y conejos quedan como visiones en el recuerdo, albergadas por nuestra memoria y acariciadas tiernamente por la nostalgia. Las azoteas desaparecerán comidas por el progreso. El símbolo quedará como parte de nuestra vida, de nuestra historia y de nuestra Habana.

Ese espacio plano, terraceado de rostro moreno y noctámbulo por naturaleza, quedará como el inmortal escudo de La Habana, como una creación del espíritu del cubano y su afán de progreso. Con las azoteas la ciudad muestra su alma al cielo, y se embriaga de azules en los días alegres. En el lujoso PENTHOUSE culmina lo que comenzó en el siglo XVII como una invención adaptada a nuestro clima y una ofrenda a las brisas del mar.

Esta es la azotea cubana, con su filosofía. La azotea y su filosofía son algo distintivo de nuestra patria. Tanto, que en los libros de los que visitaban La Habana maravillosa, en el siglo pasado, se lee: «y las casas tienen eso único que llaman azoteas», indica Sánchez-Boudy.

No en balde, así dice la carta de la sueca, Fredrika Bremen, fechada el 5 de febrero de 1851: «Después del té subo al techado de la casa, que es plano (como todos los techos aquí se llaman «azoteas») y está rodeado de un bajo parapeto sobre el cual hay urnas generalmente grises, con adornos verdes en relieve y pequeñas y doradas «encinas».

# SÓLO EXISTE LA CUBA ETERNA, LA ÚNICA

Ahora, el ataque al Exilio Histórico consiste en decir que nosotros no entendemos a lo que nuestros detractores, llaman: La Cuba Nueva.

Es lenguaje, como se ve, típicamente marxista. Porque en el fondo, nuestros detractores aman la Cuba actual. Quisieran ser parte de ella. Pero claro está, desde el poder. Sueñan, aunque traten de disfrazarse, con un «Fidelismo sin Fidel», con el mito de la Revolución Traicionada.

Lenguaje típicamente marxista, reitero. Como el del «Hombre Nuevo» que inventó el Che Guevara. La mentira total y absoluta.

La Cuba Nueva es para estos detractores de su grandeza, la que ha creado su imaginación, con ellos al timón.

No hay una Cuba Nueva. Hay una Cuba única: La Cuba eterna. La Cuba que construyeron Varela, y el Obispo Espada; y el Colegio El Salvador, y José de la Luz y Caballero, y Máximo Gómez, y Maceo, y Flor Crombet, y Roloff, y Quintín Banderas... La Cuba de Martí.

La Cuba que construyó los valores cubanos, los valores cristianos; el amor a la libertad. Que construyó un grupo de hombres, consubstanciados con su pueblo; unido a él, trabajando junto a él, por varios siglos.

No hay, por lo tanto la Cuba Nueva de hoy. No hay un cubano nuevo que piensa diferente que el exiliado. Eso es una de las tantas formas que se utilizan para tratar de socavar, cosa que por supuesto jamás lograrán, la moral del Exilio Histórico.

Eso de que el cubano ha cambiado, es incierto. Hable usted con la gente humilde, con ésa que ha estado bajo el comunismo por treinta años, y verá que es tan cubano como usted. Que está hecho del mismo espíritu de la Cuba Única. De la Cuba Eterna.

Yo los veo todos los días en las calles del exilio. Y me detengo a conversar con ellos. Tienen otros cubanismos que no son de mi época, y muchos que la tradición ha conservado. Han vivido en un desierto cultural toda su vida. Nacieron bajo la Revolución. Pero son hermanos.

Cuando nos sentamos a conversar estamos unidos en el sueño de una Cuba Libre. Sabemos que tenemos un destino común. Que amamos el mismo paisaje. Que estamos hechos del tronco de la misma palma. Que sentimos lo mismo dentro del alma, cuando nos llega el olor de la mariposa o de la guanábana, que al caer al suelo, esparce su aroma por los aires.

No importa, repito, que yo lleve una vida en el exilio y que ellos hayan pasado su existencia bajo una de las más oprobiosas tiranías que el mundo ha conocido.

Cuando charlo con los extranjeros que van a Cuba y hacen amistad con alguien, nos cuentan lo mismo. Nos hablan de lo hospitalario que es el cubano; de cómo el amigo que allí conocieron compartió con ellos, en su hogar, lo que había, su mujer, logrado forrajear en la fajina del día, para el alimento cotidiano.

No hablan del cubano único. Del cubano eterno. De ese cubano que está allí, aquí. Por eso, cuando volvamos a la patria tendremos, sí, el dolor de ver que nuestro mundo desapareció. Esto es distinto.

No estará Larrea en la Audiencia de La Habana; ni Malpica; ni el mulato Felipe. Ni nos sentaremos, por la noche, en un viejo café de la Calle Obispo, con Eusebio Delfín y el Machuelo, a rememorar a Cienfuegos, ni a la niña que saltaba de gozo en la esquina jugando al arroz con pollo.

A rememorar los rincones de Cuba. De La Habana. De Camagüey.

El chino Felipe no venderá ostiones frente a la Peletería El Mundo. Ni Abundio, café. Ni Angelita me planchará el traje para ir a bailar al Centro Asturiano el sábado.

Sí, ésa era parte de mi mundo. Tendré el dolor de que se fue. Ese no estará. Pero mi Cuba, mis calles, mis buganbilias, el Paradero de la Víbora, el Malecón, la Rampa, Media Luna, Ayón y Coronel Verdugo, la lizeta, los jardines de la Tropical, mi cementerio de Colón, de pueblos donde hay amigos y familiares, aunque los recuerdos del ayer me partan el alma, sí estarán...

Estará mi Cuba entera. Y estará mi gente. Y le podré decir a un hombre de pueblo: «Hermano, ¿dónde queda tal dirección?»

Y podré conversar con él, y hablarle de lo que yo deseo para mi patria. Y él, rebatirme o aceptarlo, bajo un cielo lleno de guiños y de estrellas, que es su cielo eterno, mi cielo eterno.

El comunismo no ha cambiado a Cuba. Ni al cubano. Y los que lo duden esperen por el día de la liberación. Entonces verán que estas líneas no las inspira la nostalgia sino la certidumbre de que, con ustedes, soy parte de un paraíso que en forma de saurio domina el golfo: un campo de héroes, de caña, de cultura eterna. Una Cuba no de hoy. Una Cuba eterna. La que no han podido cambiar ni cuatro bocas. Ni metralletas. Ni falsa propaganda en el exilio. La Cuba eterna y única.

# OBRAS PUBLICADAS DE JOSÉ SÁNCHEZ-BOUDY

**NARRATIVA:**

| | |
|---|---|
| * | CUENTOS DEL HOMBRE (1966) |
| * | CUENTOS GRISES (1966) |
| 027-5 | LOS CRUZADOS DE LA AURORA (1972) |
| 042-9 | EL PICÚO, EL FISTO, EL BARRIO Y OTROS ESTAMPAS CUBANAS (1987) |
| 043-7 | LOS SARRACENOS DEL OCASO (1977) |
| 129-8 | CUENTOS A LUNA LLENA (1971) |
| 135-2 | LILAYANDO (1971) |
| 168-9 | LILAYANDO PAL TU (Mojito y picardía cubana) (1978) |
| 218-9 | ÑIQUÍN EL CESANTE (1974) |
| 2533-6 | ORBUS TERRARUM (1974) |
| 286-3 | POTAJE Y OTRO MAZOTE DE ESTAMPAS CUBANAS (1988) |
| 321-5 | CUENTOS BLANCOS Y NEGROS (1983) |
| 331-2 | CUENTOS DE LA NIÑEZ (1983) |
| 448-3 | FULASTRES Y FULASTRONES Y OTRAS ESTAMPAS CUBANAS (1987) |
| 5144-2 | EL CORREDOR KRESTO (1976) |
| 546-3 | DILE A CATALINA QUE SE COMPRE UN GÜAYO (1990) |
| 575-7 | PARTIENDO EL "JON", (estampas cubanas de allá y de aquí) (1991) |

**DICCIONARIO DE CUBANISMOS MÁS USUALES (COMO HABLA EL CUBANO)**

| | |
|---|---|
| 199-9 | DICCIONARIO DE CUBANISMOS I (1979) |
| 336-3 | DICCIONARIO DE CUBANISMOS II (1984) |
| 416-5 | DICCIONARIO DE CUBANISMOS III (1986) |
| 457-2 | DICCIONARIO DE CUBANISMOS IV (1986) |
| 500-5 | DICCIONARIO DE CUBANISMOS V (1989) |
| 549-8 | DICCIONARIO DE CUBANISMOS VI (1989) |

**POESÍAS:**

| | |
|---|---|
| * | RITMO DE SOLÁ (1967) |
| 83 | ALEGRÍAS DE COCO (1970) |

## TEATRO:

## ENSAYOS:

# COLECCIÓN CUBA Y SUS JUECES
## (libros de historia y política publicados por EDICIONES UNIVERSAL):